Avant propos

Les premières questions que vous devez vous poser sont très probablement ; qui est-il ? et quelle est sa légitimité pour aborder un tel sujet ? Je peux amplement vous comprendre, car il y a tellement de personnes aujourd'hui qui vendent du rêve sous toutes les formes qui puissent exister. Je vais tout vous dire tout au long de mon autobiographie et vous aurez également le loisir de vérifier sur internet tout ce que je vous confierai ici. Cela dit, je peux d'ores et déjà vous dire que je suis Gérant, Président et Directeur général de plusieurs sociétés et que j'ai une expérience générale qui m'aura permis d'écrire un livre sur l'investissement.

Préface

Comment devenir riche ?

Le titre est évocateur, et pourtant avant d'aborder le chapitre sur les circonstances qui m'ont amené à m'enrichir et par quels moyens surtout, je vais plutôt rappeler quelles sont les valeurs les plus importantes pour tout Homme vivant à notre époque. Il faut comprendre que suivre mon parcours ne vous amènera pas nécessairement à votre réussite, car chaque être est unique. L'idée est plutôt de vous enrichir d'une nouvelle expérience que vous auriez pu avoir avec n'importe quel individu ayant du vécu si vous aviez pris le temps de discuter avec lui.

L'argent n'est pas le moteur essentiel de l'épanouissement, même si on aime dire qu'il y contribue. Selon moi, tout est relatif, et le sujet est fortement discutable. N'a-t-on jamais vu des gens très riches en argent et parallèlement pauvres en véritables amis ? Les mêmes sont parfois obligés d'acheter non seulement des biens matériels, mais aussi l'attention de leurs proches. Une fois que l'on sait que vous avez de l'argent, les relations changent.

Je n'ai pas eu la chance d'avoir une éducation financière, car mes parents étaient d'un milieu modeste, mais ils avaient quand même, en eux, le sens de l'entrepreneuriat. Avec seulement une éducation scolaire classique et comme unique moteur, le fort sentiment d'injustice que je n'aurais rien, que par la force de mes bras, je me suis lancé dans la plus belle expérience qui, selon moi, mène à l'autodétermination. À présent, je vous offre dans ce guide des modules de réflexion, qui vous seront utiles si vous vous lancez dans l'univers de l'entrepreneuriat. Je vous offre également vos premières économies en théorisant une opération simple. Si l'énoncé est "combien coûte une erreur ?", la formule sera :

Économie d'erreurs + économie de temps = argents

Introduction

Richesse ou réussite

Sans vouloir jouer avec le sens des mots, pour pouvoir aborder ensemble la subtilité qui lie richesse et réussite, il faut tout d'abord que nous soyons d'accord sur leurs définitions. Il faut comprendre que l'on a souvent tendance à vouloir les associer, alors que l'un ne va pas forcément avec l'autre. On peut être issu d'une famille aisée et hériter d'une fortune sans pour autant avoir réussi à la gagner à la sueur de notre front. À l'opposé, on peut provenir d'une famille modeste et être un modèle pour tout un quartier. Par exemple, si vous êtes l'homme le plus pauvre de votre ville, vous pouvez être l'homme le plus riche dans la ville voisine. Dans l'une vous serez très riche, alors que dans l'autre ça sera tout l'inverse. Mais est-ce que l'on peut parler de réussite par le simple fait d'avoir traversé une rue ?

Maintenant, si pour arriver dans cette autre ville, il vous aura fallu franchir des obstacles périlleux et mettre votre vie en danger, on pourra parler de réussite. Seulement, est-ce que le reste du monde le verra ainsi ? Ce qui est un exploit pour vous peut ne rien représenter pour les autres. Tout dépendra alors de là où l'on place la réussite dans sa vie et de la symbolique qu'on voudra lui donner. On observera qu'en fonction du secteur géographique et de la classe sociale dans laquelle nous évoluons, ladite réussite n'aura ni les mêmes valeurs ni les mêmes sens.

Mon objectif dans cette biographie est de vous emmener vers cette réussite personnelle qui vous fera avoir une meilleure estime de vous, mais pour de vraies raisons et non à cause d'un ego surdimensionné.

Le récit de mes expériences, bien que très passionnant pour moi, peut être des plus ennuyeux pour le lecteur non averti. C'est pour cela que je vais vous épargner des détails ici (qui seront l'objet d'un autre mémoire) et essayer de m'en tenir à l'essentiel qui pourrait vous servir dans vos projets. Je dévoile ici mes investissements, gains et aussi mes erreurs, afin que vous puissiez éviter ces obstacles qui se dresseront sur votre route.

Ma définition de la richesse

La masse monétaire mondiale est virtuelle à plus de 90%. L'argent de votre compte en banque n'est qu'un nombre inscrit sur un fichier informatique que l'on appelle monnaie scripturale. Cette monnaie est créée (inventée) par les banques commerciales selon nos besoins. Une vérité qui s'est vue vérifiée lors de la création des premières crypto-monnaies comme le Bitcoin et qui a fortement dérangé les banques qui y ont vu un concurrent dérangeant. Il y a très peu de monnaies qui circulent sur la planète par rapport aux nombres de personnes qui peuvent prétendre posséder la valeur numéraire de leur richesse. On crée de la valeur, mais s'il fallait que les banques centrales détiennent réellement cet argent, cela ne pourrait être possible.

L'argent que l'on dépose sur notre compte n'est en réalité qu'une reconnaissance de dette de la banque commerciale envers nous. Cet argent que vous déposez sur votre compte est appelé "dépôt" et n'est rien d'autre qu'une valeur numérique enregistrée que la banque devra vous remettre en devise à votre demande.

Les états spéculent par rapport à leur position historique et il en est de même pour nous qui spéculons grâce à notre situation de travail ou position sociale. Lorsque vous contractez un prêt, vous venez prétendre que vous pourrez payer vos mensualités avec ce que la banque vous demande comme garanties, mais en réalité il n'y a rien de plus incertain, à moins de pouvoir prédire l'avenir. Un contrat à durée indéterminée ne vous assure pas de ne pas perdre votre travail, d'une manière ou d'une autre ou bien d'être un bon ou mauvais gestionnaire.

Des hommes ont inventé des valeurs, auxquelles il semblerait qu'une bonne partie de la planète y ait trouvé du sens, alors que tout ce système n'est que tricherie et stratégie. Certains pays qui ont très peu de ressources naturelles, minières ou animales, mais qui auront su s'allier des banques centrales se verront toujours soutenus, alors que des pays riches de ressources seront maintenus volontairement dans la dépendance économique. On leur créera des monnaies pauvres[1] et de l'instabilité sociopolitique, afin d'assurer aux pays colonisateurs (faussement riches) de toujours avoir une position dominatrice. Ce n'est pas de la propagande, mais il faut bien comprendre ce qu'il y a autour de l'enrichissement. S'enrichir en numéraire, c'est toujours au détriment des autres, ceux qui ne peuvent se défendre, ceux qui consomment, ceux qui ne sont pas économe... Il n'y a généralement pas d'enrichissement, s'il n'y a pas d'appauvrissement en face.

Dans l'immobilier, il y a des moyens légaux de s'enrichir, mais la banque vous freinera très vite sous prétexte de taux d'endettement de 35% (en général à partir du troisième investissement). Non seulement le créancier n'est pas là pour vous enrichir, mais surtout si tout le monde devient riche il n'aura plus de raison d'exister.

Pour devenir riche en numéraire, il faut qu'il y ait des pauvres. Pour qu'il y ait des pays riches et des populations aisées, il faut malheureusement dans ce système qu'il y ait des pays volontairement maintenus en pauvreté et des populations pauvres. La répartition des richesses mondiale est une utopie.

---

[1] Le franc CFA est le nom porté par deux monnaies communes africaines (franc de la Communauté financière africaine et franc de la Coopération financière en Afrique), héritées de la colonisation française et utilisées par quatorze pays d'Afrique.

L'argent ne vient pas de la nature c'est pour cela qu'il n'est pas réparti équitablement sur cette planète. S'il fallait que l'échange des richesses se fasse sur des bases comme le troc, tout le monde serait riche de quelque chose, mais l'avidité a créé un système inégalitaire qu'il faut admettre si l'on veut parvenir à un certain type d'enrichissement. Les bonnes affaires parce qu'un investisseur veut récupérer du cash-flow existent, mais sont moins fréquentes. La plupart du temps les belles négoces se font après un décès, indivision, faillite, divorce… c'est la loi du "au détriment de… au profit de…". Bien sûr ces règles peuvent ne pas nous convenir, mais c'est la société qui doit vouloir le changement total. Il est facile de critiquer un acteur ou un joueur de football qui gagne des fortunes alors que l'on regarde en masse les films ou bien des matchs à la télévision, avec pour certains l'ultime espoir de pouvoir un jour faire comme ceux que l'on envie. Il y a aussi ceux qui jouent au loto afin de faire fortune, cela sous-entend qu'ils acceptent également de devenir multimillionnaire, et ainsi les rapprocher de ceux qu'ils jalousent habituellement. C'est pour toutes ces raisons qu'il est important de savoir quel type de richesse on veut avoir, car la cupidité rattrape vite tous les bons principes que l'on a lorsqu'on est en bas de l'échelle. Richesse numéraire et spirituelle peuvent faire bon ménage, mais souvent elles ne se combinent pas dans l'âme des hommes.

Je me suis toujours considéré comme un capitaliste, communiste, jusqu'à ce que j'apprenne qu'il y a des milliardaires qui ont les mêmes principes que moi. Pour eux, il est important après avoir compris le système dans lequel nous vivons, d'être puissant financièrement, mais leur coeur leur fait prendre toutes les directions qui peuvent être utiles à l'amélioration du quotidien de l'humanité. Généralement ces mêmes personnes se sentent investies d'une mission et ne trouvent pas normal, la pauvreté et la misère humaine, cependant ils en profitent. Quelle drôle d'ambivalence !

Maintenant que nous avons répondu dans cette première partie à la valeur que l'on donne à la richesse (numéraire ou/et spirituelle) il est important de pouvoir répondre à ces questions.
Quel est le plus gros défi de notre vie ?
Quelle va-t-être notre stratégie pour y arriver ?
Quels sont les moyens que je mets en place pour y accéder ?
Pour devenir riche en argent, je devrais me demander ; est-ce que j'épargne suffisamment ?

Bien sûr tout le monde ne rêve pas de richesse quelle qu'elle soit. Certaines personnes se suffisent de leur indemnité de RSA et nous ne les blâmons pas. Soit elles ne se trouvent pas suffisamment intelligentes pour investir ou bien encore plus simplement elles ne se posent pas du tout ce genre de questions, car elles n'ont pas eu les bénéfices d'une éducation financière.

Une chose est sûre, vous n'en faites pas partie, sinon vous n'auriez pas investi sur cet ouvrage.

Jeunesse

1978

Le commencement

Quelques années après la première vague du Bumidom, Josée Léa Vincent Sully née dans la commune de Ducos à la Martinique, pense trouver une perspective d'avenir chez sa cousine *"Tante Romaine"* qui est déjà installée en métropole. Cette grande cousine l'accueillera comme beaucoup de parents le faisaient à l'époque.

Mon père de cœur, Serge Jean Joseph, ami d'enfance de ma mère, suivait déjà l'exemple de l'amitié créée par leur père respectif. Les deux hommes à l'époque étaient chauffeurs de taxi et ne laissaient jamais l'enfant de l'autre à terre dans cette île où le transport est compliqué, et où on peut attendre facilement des heures sous le soleil chaud, on appelle cela "kanni anba solèy".
C'est ainsi que ma mère grandira avec ce fidèle ami qui devint le mien par la suite en plus d'être un père spirituel.
Serge sera le lien qui unira mes futurs parents. Il vantera les qualités de ma mère et mettra mon père en garde sur d'éventuelles mauvaises intentions qu'il pourrait avoir. En ce temps là les deux jeunes hommes brûlent la vie par les deux bouts et partagent les conquêtes. Mon père jurera ne vouloir que du bien pour cette belle jeunesse et rapidement tombera sous son charme.
Ma mère tomba enceinte dès le début de leur relation et contraindra mon père à la prendre pour épouse devant Dieu au lieu d'un avortement. C'est ainsi qu'elle devint l'épouse de

monsieur Douvil Édouard Chevignac et que moi je vins au monde quelques mois plus tard, dans la commune de Noisy-le-Sec.

Seulement ma mère ne fut pas la seule à se faire engrosser à cette période et pour mémoire mon petit frère d'un ou deux mois d'écart se fera oublier de nos mémoires avec un nom frappé d'anathème. À l'âge adulte j'ai essayé de retrouver mon frère Fabrice Oublier, en vain, lui qui avait marqué ma mémoire de ses quelques passages chez ma mère.

Ce n'est que cinq ans après que j'ai pu avoir la joie d'avoir une petite sœur pour grandir à mes côtés.

De ce que l'on appelle la tendre enfance je n'en garde guère de tendres souvenirs. Aucun Noël n'aura l'attention de mon père.

À l'âge de sept ans, il m'emmène voir Rambo II au cinéma, et un autre jour, dont je ne me rappelle pas l'âge que j'avais, il m'emmena au cirque. Les photos prises à l'époque témoignent du manque d'enthousiasme de celui-ci. Après je n'ai aucun souvenir d'avoir partagé un loisir quel qu'il soit avec le géniteur qui partageait notre vie. Je me demande comment ma mère avait réussi à le convaincre de partager ces quelques moments avec moi.

Quelques semaines ou mois après la naissance de ma petite sœur, je me suis retrouvé du haut de mes six ans à surveiller ce bébé dans une chambre de bonne. Ce fut l'un des moments les plus difficiles de ma vie. Mon père était gérant d'un bar restaurant où ma mère venait lui prêter main forte les mercredis. Imaginez le jeune garçon sorti de son lit aux aurores et abandonné dans une petite piaule morbide dans laquelle il n'y a ni télévision, ni jouets et où vous êtes livré à vous-même. Ma mère venait de temps en temps s'assurer que

tout se passait bien ; seulement pour moi ces premiers moments avec la solitude m'ont marqué à vie. Déjà à mon jeune âge j'essayais de comprendre le sens de mon quotidien. On pourra dire qu'il y a pire et que dans ce monde il y a des enfants qui vivent l'atroce tous les jours, mais pour moi c'était mon calvaire, et la fin de mon monde. Ma mère allait-elle revenir ouvrir cette porte ? N'allait-elle pas m'oublier ? Que faire si ma sœur se réveillait... ? C'étaient mes interrogations quotidiennes.
Ma pénitence dura quelques temps avant que nous soyons pris en charge par ma tante et sa fille qui vivaient dans le même immeuble.

Ainsi je grandis jusqu'à mon arrivée à l'école primaire Robespierre. Je pus connaître les premières joies du racisme des adultes avec ma maîtresse, Véronique, qui me déchira, gratuitement, le lobe de l'oreille avec ses ongles et un peu plus tard à l'adolescence ce fut le tour de certains de mes camarades de classe de décharger l'éducation de leurs parents sur ma personne.

Pendant toute la période de mes classes élémentaires mon bourreau de père commença sa douteuse pédagogie. Seulement comment voulez-vous satisfaire de gratifiant résultat scolaire une personne qui au départ ne sait pas vous donner les outils pour réussir ? Selon le dictateur il fallait être brillant sans que lui-même soit capable de vous aider dans vos devoirs. J'ai dû faire l'intégralité des exercices du Bled des dizaines de fois, mais seulement ce professeur improvisé était dans l'incapacité de pouvoir corriger ses propres leçons. N'arrivant pas à satisfaire les fantasmes de mon maître je fus rapidement victime de violences incessantes. Je n'avais pas le droit de regarder la télévision, de lire des bandes dessinées... de voyager en classe de neige ou classe verte... d'avoir des camarades qui me parlent sur le chemin de la maison... d'avoir cinq minutes de retard sur ce qu'il avait estimé comme temps pour rentrer et tout cela sous peine d'être battu. Pas le droit non plus, d'aller au cinéma... d'aller jouer avec des amis au pied de l'immeuble... d'avoir des camarades qui viennent chez moi ou d'aller chez les autres. Je n'avais tout simplement pas le droit d'être un enfant de mon époque.

Après, dans le regard de cet homme, que je haïssais autant que je craignais, je voyais de la haine pour moi et même du mépris, comme si j'étais ce qui avait détruit sa vie.
Une seule question me taraudait l'esprit en permanence et même m'empêchait de réfléchir en classe, mais pourquoi ma mère avait choisi cet homme ?
Pour la décharge de ce que je considère qu'il était, un pauvre couillon, je pense qu'il suivait juste le programme que ses aïeux avaient eux mêmes subis pendant cette douloureuse histoire d'esclavage. J'ai gravé au plus profond de ma mémoire ces heures que je passais en punition en position à genoux à côté de mon père qui dormait. Des années plus tard, je sus qu'il subissait de son père (Neg marron, orphelin, qui a déclaré sa naissance lui même à l'âge de 9 ans) le même supplice, avec en prime une planche de bois incrustée de clous et il devait frapper en rythme deux cailloux au-dessus de sa tête au milieu du jardin, au summum de la méridienne. On pourra donc supposer que ma condition s'est améliorée, mais encore bien trop loin de la vision glorifique que Marcel Pagnol avait à l'égard de son père. Je reconduirai à mon tour des erreurs

dans mon rôle de père, mais nous y reviendrons un peu plus tard. Pour conclure sur cet épisode, je pense que ceux qui s'évertuent à dire que le passé colonial c'est le passé et qu'il faut tourner la page, devraient plutôt comprendre que ne pas faire ce travail de mémoire conduit à ce type de maltraitance et de mauvaises transmissions. Je pense que si mon père avait eu une toute autre éducation que celle qu'on lui a donnée, il ne m'aurait pas fait subir ces traumatismes qui ont conduit à ma construction, de part ma force de caractère, mais qui aurait pu me mener à ma destruction si j'avais été plus fragile.
En revanche, ma sœur n'a pas eu les mêmes traitements que moi. La princesse devint rapidement la manipulatrice qui me fit avoir des problèmes en plus d'un quotidien déjà compliqué.
Comme je le disais plutôt je ne m'étalerai pas davantage sur des passages inutiles.

Depuis mes treize ans j'entretenais un cahier intime ; même si je n'ai pas été très régulier son but de départ était que je puisse l'offrir à mon premier héritier le jour où il aurait eu le même âge, afin qu'il voit les similitudes chez les jeunes du même âge avec quelques décennies d'écarts. Hélas, je peux vous dire que nous sommes bien différents, car après le lui avoir offert il y a peu de temps, il n'a eu pour ce précieux document aucun attrait. Pour moi c'était mon précieux, et pour lui rien d'utile. Il faut dire que j'étais privé de tout ce qui pouvait conduire à mon épanouissement. Pas le droit de lire des magazines comme les jeunes de mon âge ou bien de regarder le club Dorothée. Pas le droit non plus d'aller dans des sorties quelles qu'elles soient : ciné, piscine, promenade ou même scolaire… Enfin dans mon trésor je collectais mes occupations favorites, mes rêves, mes premières économies, mes amours…

Mes années collèges ne furent guère plus glorieuses bien au contraire. J'avais droit à ma volée à la remise de chaque bulletin de notes. Malgré ma volonté et mon acharnement à vouloir réussir, j'étais un élève moyen, qui aimait beaucoup les matières comme l'histoire, l'art plastique et le français. Ce n'est pas pour autant que ces disciplines m'aimaient tout le temps en retour.
Ma mère fut ma complice durant toutes ces années : elle me couvrait de pulls afin que les coups de ceinture me fassent moins mal lorsque le démon se serait déchaîné sur moi. Seulement elle n'avait plus d'influence sur celui qu'était son mari et je le compris le premier jour où il l'a battue et marqua son visage. Les réactions de cet homme étaient imprévisibles. Je commençais à me poser de plus en plus de questions sur mon avenir. Il fût malgré lui le moteur de mon premier investissement, qui à l'époque n'en était pas réellement un. Je n'avais pas encore la notion de liberté financière et d'ailleurs ce vocabulaire n'existait pas en ces temps. J'achetais simplement ma liberté.

La musique me fut révélée lors de vacances en Martinique. Chez la famille d'adoption de ma mère, car c'est là que nous passions l'essentiel de nos vacances. Entre la maison paternelle et chez les Lof à Bois Neuf, Ducos. Titine, que j'appelle mamie, était la fille de "Man Titine", sœur de ma grand-mère Man Loulouse. Comme il était fréquent aux Antilles, une sœur, une cousine ou bien encore une marraine faisait office de maman lorsque la mère ne pouvait pas s'en occuper, soit par manque de moyen ou peut-être de maturité. Ce qui ne fut pas le cas pour ma mère qui eut le droit à un arrangement plus que douteux, étant née au milieu d'une fratrie de dix enfants. Elle fut ainsi abandonnée par ses parents légitimes qui vivaient à peine à cent mètres de chez les Lof. Elle subissait les railleries de ses frères et sœurs lorsqu'elle venait espérer un goûter d'après midi à la boutique de sa mère biologique. "Alé kèy manmanw"*(vas chez ta mère)* qu'on lui disait lorsqu'elle montait au "Morne Loulouse" quartier qui porte aujourd'hui le nom de ma grand-mère.

Comme je disais précédemment, c'est en vacances que je découvris un jour l'instrument de musique qui changea ma vie. Ce jour-là, mon grand cousin, Luc, fils de Titine, venait d'acquérir ce trésor dont il s' était décidé à apprendre à dompter. Malheureusement pour lui, il n'aura jamais eu le plaisir de maîtriser l'instrument. Heureusement pour moi, ma bienfaitrice accepta de m'inscrire au conservatoire d'Aubervilliers/La Courneuve, l'année suivante. Quelque temps plus tard, la prof de musique de 5ème se moqua ouvertement de moi, lorsque je lui confia que je venais de m'inscrire au conservatoire pour y apprendre à jouer de la trompette. Alala les gens !

Et pendant toute cette période, je priais beaucoup... énormément. Au début c'était pour moi, mais ensuite ce fût pour tous les enfants du monde. Pour ces petits africains que je voyais dans les journaux télévisés. Des enfants avec des gros ventres remplis de famine et orphelins de surcroît alors que moi j'avais tout le confort qu'ils méritaient aussi d'avoir. Alors pourquoi me plaindre, quand il y a pire que nous. Je priais essentiellement pour que les autres aillent mieux.

I. RICHE

1997

Ma liberté
Acheter cash à 19 ans
(premier investissement)

T1, 30 rue Germain Pilon Drancy 93700, 120 000F(18293€) petits travaux.
- résidence principale
- location : net 92% après impôt, assurance et charge de copropriété (à partir de 2001)

Vente 31/03/2006

- Revendu 37 000€ (242704F)
- Plus-value immobilière 3669€

Je n'ai pas beaucoup de souvenirs de mon premier achat chez un notaire, et probablement parce que je n'imaginais pas qu'un jour je serai en train d'écrire une autobiographie. Pour étayer mes propos j'ai recherché les documents de l'époque et malheureusement je n'ai plus en ma possession la copie d'acte authentique puisque le bien a été vendu. Cependant j'ai retrouvé l'attestation de vente, la facture, ainsi que la déclaration de plus value. J'ai également trouvé des photos (dont vous m'excuserez la qualité) qui datent de 1997. Sur ces clichés vous y verrez mon appartement avant et après travaux. Pour ma première RP (Résidence Principale) j'avais refait, moi même et entièrement ; le réseau électrique, le sol, la cheminée (reconditionné), le coin cuisine, la plomberie et le carrelage. Il faut dire que j'avais de très bonnes notions de bricolage et je demandais beaucoup de conseils aux "Google" de l'époque, qu'étaient les aînés que je côtoyais au travail. Les matériaux n'étaient pas ceux d'aujourd'hui, mais j'ai quand même réussi à redonner de la valeur à cet appartement. Pour tout vous dire c'est en recherchant pour vous que j'ai réalisé l'énorme plus value que j'avais réalisé à cette époque. Je n'étais conscient de rien. Je fonctionnais simplement à l'instinct.

Voici comment j'ai réussi à faire cet exploit avant internet. À l'âge de quinze ans après une scolarité médiocre et de perpétuelles remises en questions, je fus pris comme apprenti, dans le CFA à l'AFORP de Drancy ; pour moi c'était ça ou la légion étrangère. J'en avais assez de prendre des coups par mon bourreau. Je peux dire aujourd'hui que c'est ce qui m'a sauvé une première fois de la Légion étrangère car je ne voulais pas non plus rendre ma mère triste si je m'y engageais. Au CFA je fus rapidement remarqué des professeurs ainsi que des élèves, par ma présentation ; je parle ici de tenue vestimentaire, chemise rentrée à l'intérieur du pantalon et chaussures de ville cirées, et par la présence de ma mère le premier jour. J'étais le seul élève accompagné par un de ses parents. Bien sûr, après mon acceptation au centre de formation, je revins vêtu comme les jeunes de mon âge ; n'oublions pas que nous sommes dans la banlieue parisienne et que je n'ai surtout pas l'intention d'être la victime de mon établissement.

Il y a deux types de racisme. Celui qui est assumé et l'autre qui est suggéré. Le monde du travail est parfois bien plus cruel que l'école. Heureusement pour moi tout le monde ne l'était pas et madame Véronique de Grand pré Barrière, une sorte d'aristocrate incroyablement douce, m'avait pris en bonne passion. Je pense que l'éducation que mes parents m'avaient inculquée était mon atout majeur. Je me rappelle comme si c'était hier ; du haut de mes seize ans, j'étais en compagnie de cette grande dame et un collègue, qui aimait laisser le Ricard délier sa bouche. Il me dit en ces termes précis : *"je suis raciste, mais toi je t'aime bien !"* Mon accompagnatrice fut choquée de la dureté des propos que l'on me servit et moi je compris ce jour-là pourquoi les autres collègues riaient lorsque, dans l'atelier, j'allais m'adresser à cet homme. Mais je savais qu'il m'appréciait malgré ses propos. Comment pouvais-je jeter la pierre à un homme qui s'était battu en Indochine et en Algérie, et avait vu le visage de son pays autant se transformer. Nous sommes dans les années 90 et la France a fortement changé depuis la seconde guerre mondiale. En revanche je sais une chose, je ne suis pas maso et je n'ai rien à faire dans le pays de la personne. Cette France me tolère tout juste par soucis d'images internationales vis à vis de ses colonies et surtout pour des stratégies géopolitique. Ce que ces gens-là (le bas peuple peu instruit) ressentent est légitime et nos droits à NOUS envahisseurs venus des territoires colonisés sont incontestablement légitimes. Tout le monde cherche une place sur terre et après il y a une race d'hommes qui cherche le profil ; c'est cette race-là qui est la plus dangereuse et elle n'a pas de couleur.

Ascension non acceptée

Maintenant la partie que je vais aborder de mon apprentissage est le départ de mon ascension. J'étais une semaine sur deux en alternance entre l'école et l'entreprise. N'ayant pas trouvé d'entreprise moi-même et étant jugé comme un bon élément je fus récompensé par mon établissement scolaire en m'envoyant dans l'une de leurs meilleures entreprises. Je fis quasiment l'intégralité de mon apprentissage dans le groupe L'Oréal. Je fus bien encadré et je pus y rencontrer de bonnes personnes et surtout bien apprendre mon futur métier d'ouvrier mécanicien industriel. J'apprenais à gérer mes sous, car je percevais mes premiers salaires. À l'époque, je touchais en fonction de mon niveau d'étude et de mon âge un très faible pourcentage du smic, mais c'était tellement d'argent pour moi ! Imaginez 1200 francs *(182€)* par mois, pour moi qui recevais seulement un petit billet de 5 francs *(76 cts €)* de temps en temps, par ma mère. Enfin là je devenais autonome.

En classe lorsque mes camarades lisaient des magazines de voitures et rêvaient d'avoir rapidement leur permis de conduire, moi j'achetais le journal "Le Parisien". Je suivais les cours de l'or et les prix des appartements des environs. À dix huit ans, il me suffisait d'avoir les transports en commun, pendant que mes amis venaient déjà en cours avec leur propre voiture. Je n'ai jamais été quelqu'un d'influençable et pourtant j'arrivais facilement à m'intégrer dans des groupes. Je peux même dire que j'étais à ma façon un leader ou un modèle pour certains de mes amis. À la cantine après le repas tout le monde se mit à jouer au poker avec les capsules de nos sodas, après que j'ai instauré cette récréation ou bien encore lorsque j'appris à fumer, j'initiais rapidement tout le monde au tabac à rouler. Je découvris mes premiers joints à l'école, mais je pense que je peux compter sur mes deux mains le nombre exact que je pus coller à mon bec. Ce ne fut pas une grande révélation pour moi et même après notre voyage improvisé, à Amsterdam, sur un coup de tête, un matin même où nous étions au centre de formation, je ne fus jamais un gros client de ce genre de distraction. J'ai vu les ravages d'une consommation abusive sur certains amis et cela me suffisait amplement pour savoir que ce n'était pas une route à emprunter. En revanche, le fait d'avoir des parents de condition plus que modeste, m'a donné l'envie pressante de réussite. Rien ne pouvait me dévier de mon objectif qui était d'avoir un jour ma maison à la Martinique. Pour moi le calcul était simple : puisque mes parents ne possédaient ni terrain, ni maison, il fallait que je me construise tout seul. L'une des chances que j'eus, était que dans mon entreprise les employés (y compris les apprentis) avions droit à chaque fin d'année à des primes d'intéressement et de participation. En plus nous avions en réduction des produits de la marque et que je revendais à des prix avantageux. Grâce à tout ça, je pus me faire une belle trésorerie sur un plan épargne logement. J'étais un expert en immobilier déjà à cette époque puisque je dépouillais depuis quelques années toutes les annonces de ce type. Aussi après mes quatres premières années d'économie j'étais l'heureux détenteur de 120 000 francs sur mon compte.

C'est à l'âge de 19 ans que j'ai pu acquérir mon premier T2. À l'époque, le banquier que j'avais été voir, accompagné de ma mère, me tournait en dérision puisque je me présentais innocemment avec l'ambition de faire un crédit. Seulement à l'époque je pensais que cela était obligatoire pour acheter un bien et au fil de la discussion je compris qu'il n'en était rien. L'homme surpris que je possède un tel capital essaya en vain de me convaincre de placer mon argent et de faire un crédit, mais il n'en fut rien. Quant à l'agent immobilier il retira ses honoraires prétextant n'avoir jamais rencontré quelqu'un comme moi et ne voulait en aucun cas mettre d'obstacle dans mon ascension. C'est sûr que sans ce geste je n'aurai pas pu acheter cash mon premier appartement.

La vie dans la banlieue était assez dure et nous étions en permanence confrontés au racisme. J'ai eu la chance de ne pas avoir connu d'attentats terroristes pendant ma période en France hexagonale. Cependant ce mal qui ronge les banlieues à l'époque aura eu raison de mon bon caractère. J'étais moi-même prisonnier de mes démons, entre une éducation stricte et une personnalité forte. J'ai toujours été très respectueux des aînés et jamais au grand jamais je n'aurais pu commettre des larcins qui auraient voulu le déshonneur de ma famille ou pire. En revanche, ma formation chez L'Oréal en plus de m'avoir appris un métier honorable, m'avait aussi appris de mauvaises combines. Mes anciens collègues qui étaient pour la plupart des anciens militaires de carrière, m'avaient donné le goût et la passion pour les armes et la chasse. C'est avec eux que j'appris à rénover des armes de la seconde guerre mondiale telles que des parapluies pistolets ou des armes encore plus curieuses dont j'avais eu les plans comme un guidon de vélo pistolet ou des stylos pistolets… c'était digne d'un vrai James Bond. C'est là que je pris plaisir à mettre en pendentif des balles de mitraillette ou de 9 millimètres que je distribuais à mes camarades de classe.

C'est aussi en ces mêmes lieux que j'appris à fabriquer mon fusil de l'époque et qui me valut bien plus tard une garde à vue. J'étais jeune, curieux, ambitieux, fougueux mais surtout innocent.

Musique

J'ai commencé la musique live avec David, un ami de l'époque. Ce jeune trompettiste m'a fait découvrir le titre "Ayouskous" de La Perfecta et ce n'est que bien plus tard je pus prendre la dimension de cet orchestre populaire aux Antilles. Nous avons tous les deux pris nos cours avec le même professeur à Aubervilliers et ensuite intégré le groupe d'un de mes collègues de travail. C'est là que je fus initié à la musique antillaise et plus particulièrement au konpa. J'ai pu rencontrer des musiciens plus ou moins confirmés et surtout mon défunt ami Elvis Baudry. La rencontre avec Elvis fut décisive car c'est lui qui m'initia au jazz et surtout à la musique des frères Déjean. Il avait en sa possession la partition originale de "Marina" et c'est ainsi que je pus apprendre cette chanson par cœur. Ce titre fut mon passeport pour tous les groupes que j'ai intégré par la suite.

Mes conseils d'investisseur

Mon achat de ma RP[2], sans prêt, m'aura permis d'être pleinement propriétaire, sans crédit à rembourser, et de bénéficier par la suite de loyers pleins et d'avoir un taux d'endettement nul. Selon moi il vaut mieux avoir un taux d'endettement à zéro avec un bien déjà amorti, même si on a pas d'apport, pour la banque votre bien est déjà une garantie suffisante. Le créancier pourra toujours faire une hypothèque sur votre prochaine acquisition. Lorsque vous êtes jeune, vous devez profiter au maximum de vos parents tant qu'ils peuvent supporter la charge que vous êtes pour eux. Ils sont votre meilleur levier pour économiser. Tout se joue à ce moment précis de votre vie. Trouvez un travail, job, source de revenus… et économisez au maximum. L'épargne que vous constituez devra être votre seul objectif. Budgétiser vos dépenses. Ayez votre petit carnet de dépenses. Le reste ce sera des décisions à prendre, où seule "chance et intuition" pourront vous accompagner.

Si j'avais gardé le cash et investi avec un prêt, je ne suis pas sûr que la banque m'aurait financer facilement un second prêt, au vu de mes petits revenus. Je vois des témoignages (qui reste à vérifier) de jeunes investisseurs à l'hexagone, qui arrivent à cumuler des biens dans des temps records. Même si j'ai réussi à investir très jeune, je reste conscient qu'à l'époque ce que je faisais n'existait tout simplement pas. Aujourd'hui il y a un bizness de la surenchère où tout le monde vient d'une famille modeste avec une histoire particulière à raconter. Personne ne raconte les galères et la complexité d'être livré à

---

[2] Résidence Principale

soi même lorsqu'on n'y connait rien dans un sujet et que ce même sujet peut vous emmener à une banqueroute totale. Essayez de ne pas mettre d'épée de Damoclès au-dessus de votre tête. Ne cherchez pas à aller trop vite. Allez vite, sans un bon entourage professionnel et familial à faillit me couler. On ne devient pas investisseur parce qu'on a acheté des livres sur l'investissement ou bien que l'on a regardé des vidéos sur youtube. Non, c'est faux ! C'est quelque chose qui est inné et qui s'accompagne de chance, en plus de la ténacité dans votre travail. Ne croyez pas que le travail soit le seul élément qui mène à la réussite. Ca aussi c'est faux ! C'est l'échec et l'énergie que vous aurez pour remonter la pente qui mènera à la réussite. Il y a des gens qui travaillent dur toute leur vie et qui ne feront jamais fortune. Sur cette planète vous avez des enfants qui travaillent 12h à 14h dans des conditions exécrables et qui ne réussiront jamais. C'est là que la chance intervient. Dès qu'elle se présentera à vous, soyez près à la saisir.

Achat crédit sans apport

2000

Nouvelle vie

Dernière année de scolarité. J'obtiens mon BAC et j'atterris quelques semaines plus tard à la Martinique. Au départ je suis sdf (sans domicile fixe) puisque c'est une tante qui m'avait fait miroiter qu'elle aurait du travail pour moi. Elle me donna cette envie de rentrer dans l'empressement et pour me demander au bout de deux semaines si je ne comptais pas repartir. À ce moment, je suis seul et dégouté. Mes débuts ont été un peu hasardeux et laborieux, jusqu'à ce que j'échoue chez Titine à Ducos. La période où l'on profita de moi par des jobs sous payés ne dura que très peu, puisque je pus trouver du travail en tournant une seule page du bottin. Je fus embauché rapidement chez Croquet SA en tant que mécanicien de la marque Karcher. Je fis la rencontre de Jude Euranie ; un voisin du quartier, mon futur témoin de mariage et frère de musique. Un homme avec un cœur en or, comme on n'en rencontre très peu dans une vie. Il était le saxophoniste du premier groupe avec lequel je faisais mes premières armes.

2001

Second chez moi

Studio, Résidence entre ciel et mer, Terreville 97233, 20 000€
CDI+1 loyer
sans travaux
- résidence principale
- location

<u>Prix d'acquisition du bien 23 097€</u>
- Prix du bien : 20 000€
- Frais de notaire : 3097€

Loyer mensuel 400€
Rentabilité brute 20,78%

<u>Charges récurrentes -65,5€/mois</u>
- Taxes foncières : 37,50€
- Entretien : 16€
- Assurances : 12€

<u>Revenus imposables 4014€</u>
Impôt 1204€
Prélèvements sociaux 602€
Revenus nets 2208€
: 9,56%
Revendu **35 000€**

Au bout de quelques semaines, mon cdi signé je pus faire l'acquisition de mon second appartement à Schoelcher. À l'époque, monsieur Lampla, l'agent immobilier, avec qui je nourrirai une sincère amitié bien plus tard en plus d'une étroite collaboration dans les affaires, me fit le même cadeau que l'agent immobilier de Drancy. Pour lui c'était remarquable d'avoir autant d'ambition à mon jeune âge et il voulait absolument me voir progresser. Il retira ses honoraires et m'aida à trouver une banque pour finaliser mon projet de 22 000 euros. J'étais du haut de mes 22 ans propriétaire de deux logements.

La musique avec le groupe "Compas du sud[3]" me permettait d'économiser pour arriver rapidement à solder ma dette auprès de la banque. Je peux vous dire que solder un crédit immo. en tout juste vingt trois mois, ne fait pas plaisir à un banquier.

---

[3] Compas du sud, nouvellement appelé "K.D.S" créé par Raimond RHINO.

2002

Je rencontre cette comptable lors d'une soirée au Negresco, Josie D.. Elle avait l'âge de mon père, mais elle m'attirait beaucoup. Au début, dans toute son innocence, elle me donna son numéro et j'arrivai à la séduire lors d'un rendez-vous. Nous devînmes amants mais je dus renoncer à elle, car je n'étais pas à mon aise face à ses enfants qui avaient mon âge. Cela ne nous empêcha pas de garder de bons rapports ; elle me prêtera 8000 euros afin de finaliser l'achat de mon immeuble de Fort de France. Elle sera ensuite ma comptable sur ma toute première affaire.

Achat crédit avec apport

2003

Immeuble de rapport, la cour des grands

Immeuble, 2 appartements, Fort de France, **50 000€**
CDI+2 loyers
sans travaux
destination : locations

<u>Prix d'acquisition du bien 55 260€</u>
- Prix du bien : 50 000€
- Frais de notaire 5260€
- apport 8000€

Loyer mensuel 850€
Rentabilité brute 18,46%

<u>Charges récurrentes -92,83€/mois</u>
- taxes foncières : 33,33€
- Entretien : 34€
- Assurances : 25,50€

<u>Revenus imposables 9086€</u>
Impôt 2725€
Prélèvements sociaux 1362€
Revenus nets 4999€
 9,5%
Valeur 2020 : **100 000€**

Mariage (sous le régime de la communauté des biens)

C'est lors d'une soirée salsa que je fis la connaissance de mon ex-femme. Je l'invitais chez moi et c'est après un interrogatoire sur le prix de mon loyer et d'autres choses secondaires, qu'elle se découvrit un intérêt et une passion pour ma personne. C'est elle-même qui m'en fit l'aveu quelques années plus tard. Entre temps j'avais laissé mon travail de mécanicien pour devenir agent d'entretien (balayeur). Pour le même salaire on ne me demandait pas de réfléchir et je n'avais plus à supporter les caprices de mon (vieux) collègue syndicaliste. D'ailleurs, je ne connus pas un seul jour de chômage entre les deux jobs.

Investissement ne rime pas avec amour, alors si vous vous sentez l'âme d'un investisseur et que la grande expérience du mariage vous tente, surtout mariez vous avec un contrat. On peut toutefois considérer qu'investir sur la bonne personne est plus que favorable à votre réussite. Nos critères de sélection sont déterminants pour ne pas échouer, mais aussi pour ne pas être mis en échec. Si on a coutume de dire que derrière chaque grand homme, il y a une femme, cette adage est valable dans l'autre sens aussi. Une grande femme peut cacher un mari, (compagnon)… important dans ses décisions. Il faudra bien réfléchir à nos règles de sélection, car elles sont fondamentales pour les fondations de notre avenir d'investisseur. En clair, il faut éviter les personnes sans ambition, paresseuses, dépensières, irrespectueuses et superficielles. Contrairement à ce que l'on pourrait penser je ne mettrais pas dans cette liste les personnes dites matérialistes, car elles peuvent être un élément moteur à votre réussite uniquement si elles sont des personnes actives et non des personnes passives qui attendent juste votre ascension, afin de s'enrichir sur votre dos. Nous appellerons ces personnes des opportunistes.

Je n'imaginais pas un jour tenir de tels propos, vu ma manière de concevoir l'amour. Seulement la réalité du monde vous oblige à vous protéger et également à protéger les vôtres. Je rappelle qu'ici on s'adresse à un public qui cherche à devenir riche. Pour les autres, curieux, qui veulent juste connaître le parcours de l'homme que je suis, je vous dirai : mariez-vous comme bon vous semble. Il faut savoir qu'il y a plusieurs façons de concevoir son mariage. Il y a la plus commune, qui consiste à présenter devant son dieu ainsi que devant les hommes celui ou celle que l'on aime. Il y a aussi les agnostiques qui ne veulent que se prouver l'attachement mutuel l'un envers l'autre sans aucune considération de foi divine. Ensuite vous aurez la manière de célébrer cette union. Certains voudront que la terre entière soit au courant, alors que d'autres préfèreront la discrétion. L'une ou l'autre façon pourra se faire avec les plus grandes démonstrations qui existent ou au contraire sans trop de dépenses. Mon mariage a été célébré dans la plus grande des discrétions et je ne le regrette pas. Si l'on parle d'investissement ce fût l'une des plus belles économies de ma vie, surtout quand on voit comment les choses ont fini. Nous étions cinq en tout. Nos parents n'étaient pas présents ou n'ont pas souhaité être des nôtres ce jour-là, et non pas non plus pour me déplaire. Mon épouse et moi, nos deux témoins et la cousine de mon ex-femme étaient venus immortaliser le moment avec des photos. Ensuite, nous avons déjeuné dans un restaurant et nous sommes rentrés chez nous. Ce jour-là nous économisions notre énergie et surtout celle de ma femme puisqu'elle avait déjà le ventre rond de notre premier enfant à venir. Nous économisions également les moqueries, critiques des convives jamais satisfaits du cadre, de l'ambiance, de la nourriture pour lesquelles vous vous êtes endettés à hauteur de milliers d'euros et dont ce frein vous empêchera une évolution sur au moins plusieurs années. Par contre, prendre du recul et procéder uniquement aux démarches administratives ne retire rien sur l'amour que l'on porte à l'autre. D'ailleurs une fois de belles économies faites, il n'est pas inenvisageable de célébrer l'anniversaire de cette union en temps et en heure. C'est une façon d'investir aussi son argent.

Achat terrain agricole

2004

Mon mauvais investissement

Terrain agricole, Chopote, Le François 97240, 20 000€

Valeur réelle 350€ (0,5€ le mètre carré)

Cdi +3 loyers
Épouse, enseignante, salaire ≈3000€, propriétaire maison
Rentabilité : nulle

C'est très probablement le pire investissement de ma vie. Le rêve de construire ma maison tel un véritable Charles Ingalls m'aura juste fait perdre le sens de la raison. Le vendeur nous a fait miroiter que le terrain était en cours de déclassement, alors qu'en réalité la zone dans laquelle il était implanté ne sera très probablement jamais déclassée. Nous avions l'impression de faire une affaire en achetant cette parcelle pour un prix bien plus cher que sa valeur réelle, mais indiscutablement intéressant s'il devait être déclassé, alors nous nous sommes fait avoir. Je n'avais pas pensé comme un investisseur, car j'étais novice et encore trop crédule à cette époque.

- Premièrement, j'aurais dû me méfier plus de ce vendeur qui ne m'inspirait pas confiance et qui me donnait facilement des sourires en coin.

- Deuxièmement, j'aurais dû mener mon enquête auprès des services de l'urbanisme de la mairie afin de connaître les projets futurs de la commune, mais aussi les capacités d'implantation du terrain.

Première grande épreuve
(entre la vie et la mort)

Le 5 janvier 2004, c'est la naissance de mon premier fils, Drice. C'est le plus beau jour de ma vie et l'une des plus grosses épreuves aussi. Il n'y a rien de pire que de voir son enfant entre la vie et la mort. Quand vous avez vécu ça vous pouvez tout supporter après. Ce petit être, aussi pressé que nous d'arriver, aura passé ses dix premiers mois hospitalisé. Né à l'âge de sept mois, il aura déjà subi alors qu'il était encore dans sa matrice, l'agression d'une sonde vaginale. Il en garde encore les cicatrices aujourd'hui. Ensuite ce sera son nez qui sera fendu par un tuyau d'oxygène, mais pour le moment tout va bien... au bout du troisième mois je me rends compte qu'il y a un problème avec mon enfant et je demande à l'infirmière, qui insiste pour me rassurer, d'aller chercher le docteur. À l'arrivée du médecin et de ses examens, il m'invite avec mon épouse à le suivre dans une autre salle pour nous annoncer que notre bébé, fait une occlusion intestinale et qu'il ne va pas finir la nuit. "Il faut l'opérer en urgence !" qu'il nous avait dit. Notre enfant sera opéré seulement le lendemain. Je me rappelle encore des infirmières qui faisaient des prières aux chevets de notre enfant. Après son opération il n'alla pas mieux tout de suite. Le nourrisson était sous morphine, et à l'âge de trois mois, il avait les cheveux blancs. Je ne l'ai vu pleurer qu'une seule fois et c'était le jour où l'infirmière de garde avait oublié d'ouvrir la vanne de morphine. Les médecins de l'hôpital de la Redoute étaient complètement dépassés par l'état de notre fils, qui faisait des infections à répétitions, mais le chef d'équipe refusait de nous donner le transport sanitaire vers la France. Il nous avait dit qu'on pouvait signer une décharge et partir avec le petit, mais que de toute les façons il ne tiendrait pas jusqu'à destination. Sous le chantage du docteur qui ne voulait pas perdre la face auprès de ses confrères, nous étions obligés de rester impuissants. Jusqu'à ce que j'arrive à convaincre le chirurgien qui l'avait opéré et que lui-même arrive à obtenir satisfaction auprès du responsable. Mon ex-femme partit aussitôt accompagnée du Samu par un transport sanitaire aérien. Drice a cinq mois quand il arrive en France. Je peux vous dire que les docteurs là-bas pensaient qu'il venait d'un pays du tiers monde et ne comprenait pas l'état de notre enfant. Notre fils était chargé de cicatrices sur tout le corps. Il fut hospitalisé encore cinq mois en France, avant d'arriver enfin à la maison. Je n'avais pu les rejoindre qu'au bout du deuxième mois, mais je peux vous dire que jamais je n'avais laissé transparaître à quiconque mes angoisses et mes inquiétudes concernant l'état critique de mon enfant.

"*Fils,*

Dire que le temps amène les réponses,

Résonne seulement si l'on sait considérer

Irrémédiablement l'expérience qui se nourrit de nos erreurs.

Coordonne ton voyage, promène ton esprit,

Emprunte ce chemin pour construire ton intelligence.

Là tu seras lucide, clairvoyant...fin prêt pour ce chapitre. Alors tôt ou tard,

Toi et moi,

Parlerons ensemble en toute sagesse"

le 05/01/2004"

Extrait de Maximes et poèmes "journal du 22/05/2048"
(écrit pour Drice)

Achat crédit relais

2006

Plus haut

Résidence DRICEEVA, 6 logements, François 97240, 270 000€

sans emploi+3 loyers
Épouse, enseignante, salaire ≈3000€, propriétaire maison
Résidence principale

Rentabilité loyer brut avant indivision 11,2%
Rentabilité pendant indivision -2,80% déficit net
Rentabilité loyers après indivision+travaux 15%

Valeur vénale 2021 (après travaux) 500000€

Seconde grande épreuve
(maladie et harcèlement)

Le 26 janvier 2006, c'est la naissance d'Eva, le deuxième plus beau jour de ma vie. Bien que nous ne sachions pas encore réellement à quoi nous attendre avec cette petite fille frappée par l'infortune d'une maladie génétique rare, nous savions avec certitude que nous l'attendions. Cette géante avait été pronostiquée, par un docteur, vouée à l'échec. Seulement celle que l'on nous avait promis un avenir peu certain sur ses capacités intellectuelles nous aura honoré de belles surprises. À l'âge de sept ans, quelques mois après que je lui fis découvrir, avec son frère, une vidéo du philosophe et professeur Albert Jacquard, sur l'intelligence, elle me rendit un résumé inattendu dans une situation propice. Elle eut une scolarité exemplaire jusqu'à ce qu'elle soit victime de harcèlement scolaire, que la mère s'était bien gardée de me le dire. Voilà un cordonnier bien mal chaussé, alors que je prêche dans toutes mes interventions la non-violence à l'école et j'apprends que ma fille en a été victime pendant toute une année scolaire.

"Harcèlement

N'en ai-je pas reçu suffisamment assez pour ma seule personne. Distribuez-en un peu autour de vous ! D'autres ne méritent-ils pas d'en connaître sa saveur ? Quel est donc cet acharnement sur une personne si pieuse que moi ? Je ne demande qu'à être votre égale, dans ma quiétude absolue. J'attise un concentré de haine, comme l'on attise un feu, juste par mon honnêteté et ma dévotion pour mon prochain. C'est un comble d'être ainsi jalousé, parce qu'on est bon. Et dans l'âme des incrédules, ils pensent déceler un usurpateur enfoui en vous. Non, ce que je dis je le suis ! C'est à vous de vous donner les moyens d'avoir un meilleur devenir ou une position plus digne dans le dessein de votre avenir. Qu'importe vos croyances, ne soyez pas les lâches qui jettent les pierres sur les plus démunis. La haine se répand à foison sur qui sera le plus vulnérable. Prenons pour exemple, une école… un élève brillant et audacieux… calme et réservé… possédant un physique peu harmonieux ou trop prononcé, et, ou ne trouvant pas de ressemblance avec ses camarades ; peu importe les raisons elles sont toutes bonnes pour tourmenter l'autre ; il subira sans aucun état d'âme le genre de tracas qui mène au suicide. Dans tous les cas, que ce soit du camp des oppresseurs ou de l'opprimé, la haine est ballottée. Sans pour lui déplaire, puisqu'elle y trouve son compte. Seulement le harcèlement si madame la Haine la subissait comment vivrait-elle la chose ? Qu'en pensez-vous, les populaires d'aujourd'hui, qui seront les anonymes de demain ? N'oubliez jamais qu'un jour, abandonné, sur votre route vous me demanderez peut-être la main."

Extrait de : Le journal d'AvÏdal
(écrit pour Éva)

Après que ma femme m'a fait quitter mon travail, car elle ne supportait plus de voir ma vie de petit rentier, vivant en décalage avec sa famille, je me couchais au petit jour et me réveillais en milieu d'après-midi. Elle me trouva un travail dans l'immobilier, et je devins ainsi commercial dans une agence immobilière pendant quelques mois. Le métier me passionnait, mais pas suffisamment pour que je prenne une carte d'indépendant comme le voulait le gérant de la société. Je ne fis pas long feu dans cette agence, mais mon dernier jour fut celui où ma collègue rentra en exclusivité, ce qui deviendra ma résidence. Une jeune femme tout juste mariée avec celui qui pouvait être son grand-père me fit faire l'affaire de ma vie. Ma résidence principale, comprenant un immeuble de rapport.

Crédit relais

Cette forme de prêt permet à un propriétaire voulant acheter un autre bien de se faire avancer 50% à 80% du montant de la valeur estimée du bien actuel qui est destiné à être vendu, pendant une durée de 1 à 2 ans. À l'échéance l'acheteur remboursera à la banque la totalité avancée et continuera la différence du crédit. Il y a plusieurs formes de crédit relais, qui varient en fonction de la politique interne des établissements bancaires. La contrainte majeure avec ce type de crédit est que s' il y a une augmentation du taux, vous pouvez vous couler. Mon taux de départ était de 4,23%, pour 1380€ d'échéance mensuelle. S'il avait augmenté du double soit 8,46%, j'aurais eu des mensualités de 2760€, c'est-à-dire la valeur initiale plus la différence restant à chaque échéance. Cette augmentation m'aurait assurément conduit à la faillite. Grâce à ma ténacité et aussi à la chance, mon taux s'est vu baisser et j'ai gagné 55 mensualités, puisque j'ai toujours payé le même montant tous les mois. Soit 1380€ x 55 = 75 900€.
J'ai gagné 75 900€ sur le montant initialement prévu. L'avantage ici se joue avec la chance et la variation des taux. Je déconseille tout de même ce type de crédit. Par contre, il ne faut jamais oublier qu'au final, vous avez un bien en votre possession, si vous arrivez au terme de votre contrat.

Assurance d'un crédit

Concernant les contrats d'assurances, il faut être vigilant et lire attentivement les clauses. En 2020 j'ai eu un accident de travail, et lorsque j'ai pris les renseignements auprès de ma banque je me suis rendu compte qu'il n'y avait pas de prise en charge de l'assurance de mon crédit, car celui-ci ne prenait le relais qu'en cas de décès. En général les assurances des banques souscrivent des indemnités, pour les ITTs, seulement si c'est pour votre résidence principale, or pour mon cas, à l'époque je n'habitais pas encore là. Donc j'ai dû trouver les moyens d'assurer mon crédit malgré le manque de revenus.

ITT : là aussi il peut y avoir un piège. Entre l'incapacité totale de travail et l'incapacité temporaire totale, il y a une différence qui peut jouer en votre défaveur si vous n'avez souscrit qu'à l'une ou l'autre des deux.

La loi Hamon autorise l'emprunteur à changer d'assurance dans un délai de 12 mois à compter de la signature de l'offre de prêt. Cette substitution d'assurance emprunteur est possible sans frais ni pénalité (pour les contrats souscrits depuis le 26 juillet 2014).

L'intérêt de changer d'assurance est que bien souvent les contrats des banques sont élevés. Il faut toujours prévoir de la trésorerie au cas où il y aurait des problèmes. Soit un accident pour payer votre crédit ou bien encore des travaux importants suite à des dégâts et qui ne seraient pas pris en compte par l'assurance ou pas suffisamment tôt.

2007

Jours heureux

2008

Pour moi c'est la consécration, car André Déjean m'a appelé pour l'accompagner sur un titre, à l'occasion des 45 ans des "Frères Déjean" dans la salle de spectacle de l'Atrium. C'est ce qui m'aura inspiré par la suite et donné l'envie de créer mon groupe GFD (Génération Frères Déjean). Cette formule aura eu le mérite de bénéficier de bonnes critiques en plus de faire plaisir aux fans du groupe originel. Les Frères Déjean reste à mes yeux l'un des meilleurs groupes de Konpa. Aussi un album et plusieurs singles auront vu le jour de mon concept.

Je suis jeune, beau, méticuleux, artiste, scénique, organisé et complet dans mon art. Mais il y a une chose que je ne connais pas ou que je me refuse aussi, c'est la discrétion. À la Martinique, les artistes ne doivent pas briller, sinon ils sont catalogués. On préférera celui qui est dans son rôle, un personnage mal habillé sur scène, à la limite du personnage dégueux. T-shirt noir ou encore pour l'orchestre une combinaison de polo de déguisement uniformément ridicule. Rien qui ne ressemble à de l'art. Ceux qui ont bien intégré ces codes passent pour des personnes humbles et les autres pour des frimeurs, hystériques et narcissiques. Moi qui aimais mettre mes Louboutins, mes clous et mon style gothique j'avais tous les ingrédients pour être encore plus jalousé. Alors quitte à être jalousé, il faut y aller franchement et j'ai décidé de changer de nom d'artiste. De "Mister.." je suis passé à "Baron Chevignac". N'est pas Baron qui veut !!!

Création d'une SARL

2009

Création de ma SARL (Madinina Promuse).

Société à responsabilités limitées

Il ne faut pas avoir peur d'oser. Je n'ai pris aucun risque pour créer ma société et je pense que cette année-là je devais être le seul magasin à la Martinique à vendre des articles que je n'avais pas acheté.
Un jour j'ai décidé de créer le premier magasin de musique de l'île, exclusivement dédié aux instruments à vent. J'ai le souvenir d'avoir demandé une subvention pour les jeunes de moins de 30 ans et qui m'a été refusée par le jury, pour le motif que mon projet n'était pas viable. Je vous laisse juger. Pour mon affaire je me suis associé à un ami de confiance dont je vous avais déjà parlé, Serge Jean Joseph. Il était chargé de me trouver du matériel, tel que des étagères ou caisse enregistreuse. Mon principal associé, Promuse, était mon fournisseur. Il y avait parmi les deux associés, le fils de mon ancien professeur de trompette. Je suis allé négocier directement en France avec le magasin Promuse. Je leur ai proposé de s'implanter dans la caraïbe sans prendre de risque. Ils devaient juste m'envoyer des instruments ou du matériel de musique qu'ils avaient du mal vendre dans leur magasin et aussi quelques articles selon une liste que je leur avais fournie. Ensuite j'ai été voir mes concurrents directs et je leur ai dit de me donner leurs instruments à vent, car ils ne savaient pas les vendre. Pour preuve dans ces magasins les vendeurs sont pour la plupart des musiciens pratiquant des instruments de famille des cordes ou des percussions… alors il était facile de

convaincre ces gérants qu'ayant une bonne réputation dans le milieu, il serait plus facile pour moi de vendre leurs instruments qui étaient là depuis plusieurs mois ou même plusieurs années. Ces personnes n'étaient pas formées à ce type d'instrument, il était donc difficile pour eux de répondre aux satisfactions de leurs clients. J'ai aussi équipé mon local d'un espace pour les réparations, chose encore inédite sur l'île puisque j'avais la chance d'avoir un réparateur à disposition. J'ai également équipé mon magasin d'une cabine d'essais, afin que mes clients puissent essayer leur articles. Je vendais exactement au même prix que sur le site de Promuse France. Mon dernier atout, non négligeable, est que je n'avais pas de charges réelles puisque j'étais exempté de loyers étant le propriétaire de mon local. Pour ma comptabilité et le montage de ma société j'ai pu avoir l'aide de ma comptable, qui m'avait promis de s'occuper de la comptabilité de mon entreprise gratuitement pendant mes trois premières années.

J'ai pu dispenser des cours gratuits de trompette, aux jeunes de moins de 20 ans dans ce même établissement.

Et là vous vous demandez pourquoi j'ai arrêté ? Eh bien cette affaire a rapidement fait le tour des intéressés grâce au bouche à oreille. Je commençais à avoir des clients réguliers, mais pendant cette même période je jouais énormément à l'étranger et je n'étais pas régulier dans mes horaires. Ma structure était bien trop jeune pour pouvoir prendre du personnel et moi je préférais mes prestations musicales aux contraintes de jeune chef d'entreprise. L'essentiel pour moi est que je n'ai pas perdu d'argent. J'ai fait un peu de profit ainsi que mes associés, et surtout ce fut une expérience enrichissante. Voilà comment j'ai créé un commerce rentable sans argent cash. Bien sûr ma vie était bien tranquille à cette période et si je savais ce qui m'attendait, je me serais un petit peu plus impliqué pour ce magasin. À part les imbéciles du jury qui plus par jalousie que par bon sens avaient vu que mon projet n'était pas fiable, je n'ai pas connu d'obstacle majeur, même la période de grève (5 Février 2009) dans laquelle j'ai ouvert n'a pas été compliquée pour moi, puisque j'avais minimisé les risques. C'est peut-être aussi cette facilité qui fait que je ne me suis pas battu pour cette structure, car si j'avais rencontré des difficultés je n'aurais pas abandonné si facilement. Je n'ai juste pas été suffisamment patient par rapport aux rentrées de bénéfices et j'ai clôturé mon activité à la fin de la même année. Je ne suis pas fait pour être inactif dans un magasin à attendre des clients. Cette expérience m'a permis aussi de me connaitre un peu plus. C'est à cette même période que je réalise et produit mon premier album : Cédric Chevignac & Harmony. À l'époque, je ne suis pas encore interprète de mes compositions. Par la suite je porterai plusieurs autres casquettes sur mes compositions artistiques[4].

---

[4] voir la liste de mes créations artistiques page 134.

Divorce

Boum ! Voilà comment la jalousie se mêle au bonheur. Dois-je m'en vouloir d'avoir trompé mon épouse ou de m'être confié à ma petite sœur ? Ce n'est que quelques années plus tard que je vais comprendre que ma vie était un leurre. Oui, j'ai trompé et je peux le dire aujourd'hui avec ces années de recul, je ne regrette absolument rien. Après que mon ex-femme m'ai avoué, que ce qui lui avait plu chez moi, c'était qu'à mon jeune âge j'avais déjà des biens et un esprit d'entreprenariat, je ne pouvais pas regretter cette personne. Au départ de notre séparation, tout allait plus ou moins bien jusqu'à ce qu'elle commence à vouloir s'occuper de ma vie privée et de mes relations sentimentales. Je pense aujourd'hui qu'elle s'est trouvée prise entre la honte, l'orgueil, l'amour et l'avarice. Ce mauvais cocktail aura été sa plus mauvaise inspiration. Désormais me voilà entré dans la spirale de l'indivision[5].

---

[5] Indivision : état d'un bien indivis, qui n'est pas partagé mais appartient à plusieurs personnes à la fois.

L'indivision

L'enfer de l'indivision — *2010*

Lorsque vous êtes un HPE[6], il est difficile de gérer ses émotions et de faire face à la jalousie. Bien que mon ex-femme et moi avions gardé de bons rapports provisoires et qu'elle était en vacances chez mes parents, je me retrouvais à devoir subir le harcèlement de sa mère. Comment un étranger peut vouloir venir chez vous au aurore, et vous dicter votre conduite sur votre bien.

Défendait-elle ce jour les intérêts de sa fille ou était-elle là juste parce que cette personne n'était pas quelqu'un de bien équilibré ? En tout cas c'est bien après des menaces à mon encontre sur le pas de ma porte, parce que je ne faisais pas de travaux pour le locataire de mon ex que je me suis retrouvé à être violent. Pour faire court sur cette stupide affaire qu'avait initiée mon ex-belle mère, en envoyant au suicide son nouveau mari, j'ai été condamné le 29/07/2010 pour "violence avec armes". Je vous rassure, le pauvre homme à qui j'ai donné la peur de sa vie après l'avoir quelque peu bousculé, n'a jamais eu de représailles envers moi. D'ailleurs après ma condamnation à 1€ symbolique pour le plaignant, son mariage n'a pas duré bien longtemps. Lorsque cet homme me rencontre aujourd'hui sur des lieux de prestations, il vient m'enlacer et me manifester sa joie de me rencontrer. Je dirai que nous ne sommes visiblement pas rancuniers.

Ce que j'ai retenu de cette aventure c'est qu'il faut faire attention avant de jouer au preux chevalier pour une femme,

---

[6] HPE, haut potentiel émotionnel.

surtout si on n'a pas tous les éléments de l'affaire dans laquelle on se lance. Je me suis retrouvé en "gard'av", j'en ai fait une chanson avec Sael et Majesty. J'ai très bien été reçu par les gendarmes.

En Gard'av

La jalousie sans frontière

Octobre 2010, me voilà nommé par Daniel Ravaud et Paulo Albin, nouveau directeur musical de La Perfecta. Ce poste m'a permis de faire de belles choses notamment le clip "Zanfan kréyol", mais aussi la réalisation du double album live et studio "La Perfecta 40 ans". J'ai pu assurer l'anniversaire du groupe avec plusieurs anciens membres, sur la place des fêtes de la ville de La Trinité. Cependant il y a aussi tous les côtés négatifs de cette nomination. Je me suis fait plein d'ennemis et je peux dire que cela a vraisemblablement nuit à ma collaboration avec certains artistes.

ZANFAN KRÉYOL

Ne louez pas à vos amis ! J'ai trop souvent aidé des personnes qui m'ont soit détérioré les biens, pas payé les loyers ou critiqués ouvertement parce qu'elles estimaient que c'était normal que je leur loue à bas prix ou prête, sans qu'elles ne payent l'assurance du bien ou encore les charges courantes. Si vous êtes sollicité par une personne qui a besoin de votre aide pour financer un projet et que vous en avez les moyens, de grâce, réfléchissez à deux fois avant de vous engager. Souvent on trouve sur nos routes des personnes mal intentionnées qui vous nourrissent de grimaces et profitent de votre générosité. Vous pouvez en âme et conscience aider quelqu'un, mais pour ne pas vous en vouloir plus tard de n'avoir pas été suffisamment vigilant, appliquez la règle suivante :
"L'argent ne se prête pas, il se donne !"
Une fois que vous avez bien compris ça, vous pouvez prêter de bon cœur et si cet argent ne vous est jamais restitué, vous vous direz simplement que c'était un cadeau de votre part. Par contre même avec cette bonne volonté ne soyez pas surpris de voir cette personne disparaître de votre vie, parce qu'une personne déjà endettée c'est une personne qui aura probablement des difficultés à pouvoir vous rembourser. Il y a aussi des individus culottés qui peuvent essayer de profiter encore un peu plus de vous en demandant encore plus sans avoir déjà remis la précédente dette.

II. PAUVRE

2012

Jusque là tout allait bien.

Autant je n'ai pas bonne mémoire des dates, autant je peux vous dire avec assurance que c'est le 8 septembre 2012 que le diable est entré dans ma vie. Victime de ma popularité et de mes biens matériels, j'ai invité cette personne à profiter de moi. Ce fut l'un de mes plus mauvais calculs à l'époque, mais avec le recul une chose bien nécessaire pour pouvoir apprécier à leur juste valeur les personnes qui m'entoureront plus tard.
Après m'avoir abordé lors d'une prestation musicale, puis dragué sur internet je me suis laissé charmer et rapidement nous avons partagé nos vies, chez moi. Pendant que l'un économise et règle ses problèmes antérieurs à la relation, l'autre dépense et s'endette. Ce qui est dommageable, c'est qu'on s'en rend souvent pas compte tout de suite. Pour sa famille je suis le gendre idéal, puisque j'obéis bien, mais pour ma mère je suis un pigeon et elle saura me le rappeler le moment voulu. En effet, ma compagne laisse rapidement son logement pour s'installer chez moi, et ses seules préoccupations sont les dettes qu'elle a eues avec son ex-copain. Je paye crédit, eau, électricité et la plupart du temps les courses afin de la mettre à son aise financièrement.
Nous investirons ensuite dans une première mauvaise affaire, qui était en réalité une escroquerie de son beau-frère, mari de sa sœur, jusqu'à ce que je sois rattrapé par la jalousie. Il ne faut surtout pas que j'omette de parler de mes relations plurielles, car j'ai une forte addiction au sexe déjà à cette époque. Ce qui entraînera quelques petites histoires de couple. Avant celle qui partageait ma vie, je m'enrichissais de

toutes les expériences du monde. Je couchais avec tout ce qui bougeait. Tantôt homme Puma, tantôt "Toy boy"... obèse, maigre, grande, petite... je ne connaissais parfois même pas leur nom ou je ne m'en souviens plus aujourd'hui. Cela n'avait guère grande importance les conditions pour une bonne coucherie, qu'il faille payer ou pas, à l'étranger lors de concerts ou ici, prostituées ou fans, dès que leur sourire me plaisait. À l'époque, je ne m'embarassais de rien. Je prenais juste de l'expérience. Mon expérience !

2013

Le 6 décembre, c'est la naissance de l'angélique Milie.

"Père indigne

À celui que je ne peux plus appeler papa.
Je n'étais qu'une enfant, une petite fille que tu aurais dû choyer, lorsque tu m'as abandonnée.
De lointains souvenirs ont perturbé tant de nuits où tu étais absent.
J'avais peur du loup ! J'ai eu peur de tout !
Tes devoirs envers moi ne t'ont jamais motivé à te manifester.
Et voilà ce qu'est devenue la princesse que tu n'as pas suffisamment aimée.
Qu'importe tes moyens ! Qu'importe tes soucis !
Je te déteste !
Mon coeur est en révolte !
J'avais besoin de toi !
Mauvais géniteur qui insuffle la vie et détruit l'âme en même temps.
Tourmenteur d'esprit je te hais d'un amour profond.
Je t'ai connu trop peu pour te donner l'intérêt que tu réclamais avant ton départ.
Tu as refait ta vie… il ne fallait pas… j'étais vivante moi !
Il y a des blessures qu'il est difficile de guérir et la fierté en ouvre les plaies quand il lui plaît… ça ne finit jamais de faire mal.

Tu étais si lâche qu'aucun de tes témoignages n'aura pu parvenir à soigner mes tourments.
Star pour le monde et étoile morte pour moi.
Cela fait maintenant des lunes que tu es parti et tu me hantes la nuit.
Ta maladie t'a pris la vie, sans que je n'aie eu le temps de te dire en face tout mon mépris.

Voilà que mon papa n'aura jamais tenu son petit-fils dans ses bras.
Pas de abracadabra, on sait qu'aucune magie ne te ramènera.

C'est pour ça que je te hais Papa !"

Extrait de : Le journal d'Avidal
(écrit pour Milie)

Associé dans une SARL

2015

Création de la SARL, TI Pain Chaud

Le 05 janvier je me lance en tant qu'associé dans un terminal de cuisson. C'est là que je prendrai mes premiers repères avec les produits de boulangerie. Je suis juste associé, un prête nom, enfin je le comprendrai bien après, lorsque j'apprends que la société a changé de gérance sans que je ne sois convié au réunion. J'avais pourtant mis toute mon énergie dans cette affaire, mais dans le monde du bizness, il y a les crapules et je n'ai jamais été indemnisé sur mes parts.

Le 25 septembre, c'est la naissance de Florian.

Lipogramme en "e" d'un père à son fils.

"...Après avoir réécouté son enregistrement une bonne dizaine de fois ce matin là, Hervé sort de son cartable un petit bloc note et un stylo. Probablement pour que le temps ne puisse rien effacer ou altérer de sa mémoire, il a comme réflexe de noter tout ce qui lui servira de preuve, pour se défendre, devant ceux dont il redoute le plus la colère, lorsque le moment sera venu. Il craint bien plus d'être déshérité de l'amour de ses enfants que les juges et les lois.
Alors il écrit sa lettre sans "e"ux avec l'espoir qu'un jour elle leur parvienne à tous les deux :

Sans "e"ux

Avant j'imaginais pas un instant, qu'un jour nous n'aurions plus autant... ou plus jamais, d'amour d'un fils pour son papa... ou plus voir nos bambins courir dans la maison.
Un chaos profond s'installa dans mon logis sans un bruit, plus un cri... qui l'aurait cru ? La loi ! Pff...

Matin, soir, tôt ou tard, nous nous manquions. Dans nos nuits, nous nous voulions.

Satan agissant tout autant dans l'obscur qu'au plus tôt du matin, non pas par soumission, mais par bon vouloir.

"Maman suppôt maudit, j'imaginais pas mon futur ainsi, sans papa. Vous, volant nos inspirations, nos droits, dit fiston à sa maman quand il fut ado."
Plus tard la sista aussi accusa.

"L'amour jamais on nous l'accorda, mais pourtant on y avait droit, dit Papou à son psy du lundi."
Youna n'a plus vu son bouquin.
Ni communications, ni photos... nada.
Voilà qu'on arracha à ma passion, plus qu'à un mauvais tyran.
Fuyant, inconstant, dans ma façon d'agir, normal dira-t-on, car il n'y a pas plus brutal pour un papa qui n'a pas compris l'abus.
Mutation dans mon propos qui sortait par maux.

"Trop dur pour toi ?!! dit mon voisin. _Bof, pas sûr ! qu'on criait sur tous vos toits."
On parlait fort ! Qui croyait qu'on n'avait pas mal ?

"Il s'agit d'un kidnaping d'amour !"
Voilà, tout fut dit ! Y a t-il plus commun ?

Choquant pour tout voisin, qui sans aucun parti, ni chair ni poisson, compatira à nos tracas. Qui fait l'appât si ainsi on fait un discours plus clair. Sans alcool, un bon vin, un cocktail, ou un ti punch à midi, aurait-il autant d'action qu'un volcan sans son magma ?

"On vomit sur ça ! scandait l'avocat au tribunal."
Chut ! Vous dira-t-on, car s'il vous faut plus d'infos sur lui, il faudrait saisir la convocation du tribunal. On y avait tout inscrit.

Pour sûr, il fut un gros mordant son papa, qu'on accusa un 05/01/2018, dans un discours malin..."

Extrait censuré de : Le monde est petit II "Les papas n'aiment vraiment pas leurs enfants"
(lipogramme écrit pour Florian)

Mon deuxième fils est né sans problème, mais comment ne pas penser au premier (Drice) et aux péripéties que nous avons connues à sa naissance. Noël se rapprochant je ne pouvais pas ignorer ces enfants hospitalisés. Voilà comment est né le projet "Bobo à l'hôpital". Entre les enregistrements studios (même si Jean Philippe Marthély, m'a gracieusement offert les séances de voix dans son studio et les musiciens leurs services) et le clip, j'aurai dépensé bien plus que ce que j'ai pu récolter comme fond. Pourtant la communication avait été faite correctement entre les Journaux télévisés, la presse écrite, les réseaux sociaux et même les radios : seulement la population n'a pas répondu suffisamment présent. Je me suis souvent dit par la suite que j'aurais dû faire un don personnel et les enfants auraient eu un plus bel arbre de noël, plutôt que de croire que l'union fait la force. Personne ne m'avait rien demandé. Ce qui nous émeut, nous, n'est pas forcément universel.

2016

La chute

Subvention l'ANAH

Au sein même d'un organisme d'État, l'ANAH (Martinique), un détournement de fonds dont j'ai été l'une des victimes collatérales, par ma méconnaissance de la législation, a failli me faire tout perdre. J'en ai même fait pleurer une inspectrice des impôts. Je ne reviendrai pas sur les détails de cette période douloureuse de ma vie, la chose à retenir est que je ne fais pas partie des gens qui ont été convoqués au tribunal. Par la suite j'y laissais plus de 50 000€ car bien qu'il n'y ait aucune trace de malversation de ma part, la confiance que j'avais mise dans le chef de chantier pour les travaux de rénovations, m'aura coûté très chère. Il faut surtout être très vigilant lorsqu'on signe des documents, mais aussi bien surveiller ses chantiers.

L'ANAH m'a réclamé une partie de la subvention car je n'avais pas respecté une des conditions des engagements, qui était de réclamer aux locataires bénéficiant du logement rénové les avis d'impositions N-1 et N-2. Seulement lorsqu'on me réclama les documents je ne pus fournir que les documents d'une année, puisque les locataires n'avaient eux-même pas rempli de déclaration à l'administration fiscale. Soyez prudent et vigilant sur tous les détails lorsque vous avez affaire avec l'État ou ses délégations.

Premier roman

2017

Mon univers dans "Les héros des univers"

L'initiative d'écrire *"Les Héros des Univers"* m'est venue après une analyse personnelle de mon entourage. En tant que jeune parent conscient, j'ai voulu apporter mon aide. Mon intérêt étant simplement de contribuer à la bonne marche de notre société, en soutenant par mon action les acteurs de l'éducation de nos enfants, ou bien encore des parents désireux d'encourager leurs enfants aux plaisirs de la lecture. Je pensais qu'en encadrant suffisamment tôt les citoyens de demain, nous pourrions limiter une cassure sociale comme on la retrouve sur notre territoire aujourd'hui. On emploie à tort le mot «illettrisme» pour définir des jeunes qui sont en échec scolaire. Souvent ce jeune public ne voit pas l'intérêt fondamental, et l'épanouissement que peut susciter un livre quel qu'il soit.

La cible de cette première œuvre était assez large, et selon moi l'ouvrage pouvait être lu par n'importe qui. Bien sûr, il fallait au préalable être adepte du genre science-fiction fantastique. Aujourd'hui, je pense qu'il est abordable réellement à partir de la cinquième pour les élèves, et exploitable jusqu'en terminale pour les enseignants. J'ai été assisté dans la conception du livre par un professeur de collège afin que l'ouvrage puisse être utilisé comme outil pédagogique.
L'expérience de cet enseignant a été très importante pour tout ce qui concerne la tenue laïque, la longueur du récit et la typographie. De longues conversations nous ont permis

d'appréhender les différentes attentes des uns et des autres, car les professeurs ayant souvent des objectifs à atteindre, fixés par le rectorat, ils ne sont pas forcément réceptifs aux conditions des jeunes qui sont devant eux. Nos observations nous ont été confirmées par les formateurs que j'ai rencontrés par la suite, qui faisaient déjà les mêmes constats. Quant aux jeunes, beaucoup se cherchent dans cette transition, entre l'enfance et l'adolescence, et n'ont pas toujours suffisamment de recul pour pouvoir comprendre ce que l'on attend d'eux. C'est pour toutes ces raisons que j'ai décliné mon ouvrage en un outil qui puisse susciter le goût de la lecture, et par la même occasion une manière de se divertir. L'œuvre est pluridisciplinaire puisqu'elle permet aux différentes matières telles que l'anglais, le créole, le français (vieux) et la musique de travailler sur le même support. Dans le second tome sorti en décembre 2017, se sont ajoutés l'espagnol, le français (ancien), les arts plastiques et les mathématiques. Le premier volet débute par une histoire d'amour classique avec des personnages qui peuvent donner aux lecteurs l'envie de s'identifier. En plus de l'intrigue l'apport du disque musical permet de développer l'imaginaire du lecteur. Les genres abordés tels que le jazz, le classique, et le RnB permettent à certains de découvrir des styles qu'ils ne connaissent pas et qu'ils n'auraient pas cherché à connaître autrement. Grâce à cette manière d'aborder un roman, on peut envisager une adaptation en comédie musicale.

Le livre est entièrement exploitable par les formateurs du cycle 4 comme le prévoit le bulletin officiel de l'éducation nationale publié le 26 novembre 2015, où l'on demande aux enseignants une approche des livres de science-fiction fantastique.

Financement du projet

J'ai mis du cœur dans l'écriture, mais aussi beaucoup de mes économies. Pour ce projet, un inconnu qui était admirateur de mon travail m'a également donné la somme de 1500€. À l'époque, j'étais cuiseur dans une boulangerie de 3h à 10h du matin et j'enchainais dans une entreprise frigorifique où je faisais l'entretien de climatiseurs. Ce client qui était, par coïncidence, un de mes fans, (de mon clip "Péyi mwen") m'avait rapidement reconnu et était assez choqué de me voir dans les conditions dans lesquelles j'étais. Il me manifestait surtout son étonnement de ne plus me voir évoluer sur scène. Après un petit interrogatoire où je lui révélais que j'écrivais mon premier roman musical, il décida de m'y accompagner avec un don, sans que je lui demande quoi que ce soit. Moralité de cette histoire : n'ayez pas peur de parler de vos projets ! Vous trouverez certes des jaloux, mais aussi des gens sincères avec de véritables idées ou bien dans mon cas des sponsors. Les jaloux ne peuvent pas vous empêcher d'évoluer si vous êtes vraiment déterminé. Votre seul frein c'est vous-même. Moi personne ne m'arrête.

AMOUR BAROQUE

Mamie, est-ce un crime de lèse majesté,
Que d'espérer un dernier baiser
Je faiblis à chaque instant de votre absence
Tout cela me pèse, quel lourd fardeau

Je sens dans mon poitrail ce tiraillement,
Tel un fleuret transperçant ma chair
Bien heureux qu'aucune cloche n'annonce mon trépas,
Car fleur de laine jamais ne tua

Est-ce le tragique destin d'un Roméo
Que de ne pouvoir s'accaparer son alter ego
Dur châtiment pour mon âme,
Et funèbre cérémonie pour ma vie

Sachez que nulle ordonnance,
D'aucun seigneur ne détournera mon attention du sublime
Je ne suis point de nature à flatter,
Mais si mes yeux vous voient ainsi, je ne puis qu'acquiescer

Permettez-moi enfin de vous aimer
Donnez-moi ce droit ultime de vous adorer...

...Jean-Baptiste Poquelin n'aura qu'à bien se tenir,
Je ne puis laisser place à la fourberie
Paske mèm an kréyol, man kèy sa diy li[7]

En d'autres temps, poèmes et citations seront justes des syllabes,
Que les amoureux emprunteront pour illustrer ce que fut notre rayonnement...

---

[7] *Parce que même en créole, je saurai le lui dire*

...Mon péan m'attirera la colère d'Apollon,
Pour qu'à son tour il chantonne une ode en votre nom, car Soleil vous êtes

Ainsi posé sur ce papier, figé dans l'espace temps, aucune thèse ne saura vous défaire de votre raison
Lumière de vie, lumière de ma vie
Aucun philosophe ne témoignera du contraire,
Dame qu'il est divin de vous Aimer

A cet instant, Dulcinée, j'apprécie le jour qui me fit vous rencontrer,
Pour apprendre pour toujours que Doux et Divin viennent du mot Aimer

A présent je comprends que L'**Amour Baroque** est une subtile cruauté des anges, dont je ne pourrai me passer
Soleil vous êtes, lumière de ma vie,
Qu'il est doux et divin de vous aimer.

Extrait du roman "Les héros des univers I"

Grande solitude

J'ai organisé un grand concours d'écriture et de dessin entre les différents collèges et lycées de la Martinique. À l'issue de ce concours je devais dévoiler le second tome de "Les Héros des univers". Le lauréat du concours de dessin s'était vu offrir la somme de 300€ et son illustration ferait la quatrième de couverture ; le lauréat du concours d'écriture gagnait 700€ et son récit était intégré dans le roman. Pour moi c'était une façon d'intéresser un public plus large que seulement des littéraires. Pendant ce temps, l'attente, l'ennui et la solitude me rongeaient. Mon seul allié était mon esprit mais c'était aussi ma prison, car il me parlait et me harcelait en même temps de questions auxquelles je n'avais pas de réponse. Je suis confiné chez moi pendant huit jours, suite à un accident de travail et je me sens seul, au point d'écrire pendant ma semaine d'arrêt mon troisième ouvrage "AMOUR, PASSION & PHILOSOPHIE" et un passage sur la solitude qui m'accompagne.

"Solitude

Beaucoup en parlent sans en connaître son aventure amère.

Elle vous rend aigri et abject ; couillon et prompt aux colères. On reconnait les gens seuls, ce sont souvent ceux qui tirent la gueule.

Ils préfèrent leur état à la mauvaise compagnie. Du moins c'est ce que l'on dit pour justifier le vide dans sa vie.

Lors des canicules on est content d'être l'unique détenteur d'un grand lit. Lors des froids d'hiver on demande au Saint-Père ce qu'on a pu faire pour être puni ainsi .

Aux anniversaires on n'offre pas de cadeaux, mais il y a le revers quand c'est le nôtre que l'on fête en solo.

Tribune où siège l'isolement Vide de l'espace Préface du néant

Je renie ton nom, laisse-moi tranquille, laisse-moi seul, Solitude ! Que dis-je ? Non ne me laisse pas encore, ne m'abandonne pas car au moins je connais ton nom.

Je sais qui tu es. Unique compagnie au moment même où j'écris."

Extrait du journal du 22/05/2048-Maximes et poèmes.

Après l'enthousiasme des premiers établissements scolaires avec lesquels j'avais travaillé, et les résultats positifs de mon concours, j'ai réalisé qu'il fallait que j'aille plus loin avec ce concept, afin de toucher encore plus d'élèves en décrochage. J'ai été récompensé d'un livre d'or par les élèves du LEP de Chateauboeuf qui fièrement avaient participé à mon concours d'écriture et de dessin. En seulement deux semaines ces élèves avaient écrit des choses tellement belles que tout ceci m'avait donné l'envie d'avoir encore plus de résultats. J'étais face à des élèves qui ne lisaient pas habituellement et là me remerciaient de leur avoir donné le goût de la lecture et pour certains de l'écriture. Voilà comment me vint l'idée de créer tout un univers autour de ces héros fantastiques.

Mes équilibres

Heureusement, dans mon malheur, j'ai deux femmes extraordinaires qui m'accompagnent et me donnent même à manger. En réalité, elles sont au nombre de trois (mais la dernière est moins souvent présente). Ces fidèles amantes m'ont permis de tenir là où j'aurais dû déjà basculer. Leur soutien et leur amour sont indescriptibles pour toute personne appliquant les règles rigides de notre société. Je m'installe peu à peu dans le confort de la polygamie et je me jure de ne plus jamais mentir à quiconque. Mes deux femmes acceptent mes écarts et je commence une vie que certains qualifieraient de débauche. À mes yeux c'est juste la découverte du monde, car je brûle la vie par les deux bouts, pendant que je découvre avec admiration les récits du Marquis de Sade. Je ne lis essentiellement que du Sade, Molière car leur lexie me fait rêver. Je me suis enrichi de tous les trésors du monde. Tous les sujets me fascinent... des philosophes et intellectuels, passant à la mécanique quantique ou bien encore les vérités sur le monde noir et le panafricanisme. Je commence à comprendre réellement qui je suis et ce que je veux aussi. Je suis dans une nouvelle étape de ma vie ou je me complète intellectuellement et spirituellement.

III. RICHE

Création de l'association "les jeunes héros du monde"

2018

Les retours d'un travail acharné

Le matin du vendredi 23 Février, je suis en rendez-vous avec les détenus du centre pénitentiaire de Ducos. C'est mon énième rendez-vous avec les détenus. Nous échangeons sur la construction d'un ouvrage, mais j'apprends également beaucoup sur le lieu où j'opère. Cette expérience m'aura inspiré le nouveau chapitre de mon ouvrage "le monde est petit 2".

Plus tard dans la même journée, je suis invité par l'académie de Martinique, à donner une formation aux professeurs de lettres des lycées professionnels sur le thème "favoriser le goût pour la lecture des élèves de LP". Ce sont mes résultats avec des élèves dits difficiles qui m'auront fait remarquer et participer à cette rencontre.

Nouvelle écriture de ma vie

Octobre nouvelle rencontre, nouvelle vie ! Comment peut-on dire à quelqu'un au bout d'une semaine qu'on va lui prendre tout son argent ? Pourtant c'est bien ce que j'ai fait avec celle qui me donne toute son attention à présent. Ma méthode bien que discutable aura eu le mérite de décourager toutes personnes mal intentionnées. Parmi mes nouvelles résolutions, écouter mes pressentiments est devenu primordial. Arrêter de lutter contre la seule arme absolue, bienveillante qui m'appartient, j'ai nommé "l'intuition". Depuis que je me fais confiance, ma vie est devenue beaucoup plus simple.

2019

Année pénible

À la veille de noël, on essaye de me forcer la main pour me faire signer une rupture conventionnelle. Le dernier jour de l'année 2019, j'apprends avant l'aube que je ne suis plus dans le planning de la société pour laquelle je travaille. Plus tard, le patron essaye de me rassurer en me faisant prendre des vacances qui avaient été refusées deux semaines plus tôt, pendant la présence de ma mère sur l'île. Me voilà libre de finir un nouvel ouvrage.

Création d'une SCI

2020

Création de ma première SCI

La société civile immobilière est une société civile, qui a un objet immobilier. Ce n'est pas une niche fiscale, ni un remède à tous, aussi on peut avoir recours à une SCI car elle permet la détention d'un bien immobilier par plusieurs personnes (et éviter l'indivision) et elle peut faciliter la transmission du bien.

L'attente interminable. Pendant la stratégie de mon patron qui veut me mettre dehors de l'entreprise, j'attends chez moi, avec des vacances forcées. Je reste couché dans mon lit pendant des heures et je ne le quitte que pour remplir des démarches administratives. Je ne dépense plus rien, juste l'essence et c'est ma compagne qui s'occupe du reste. Pour ce qui est des charges, elles restent prélevées automatiquement sur mon compte, donc je n'ai plus qu'à attendre le bon vouloir de mes compatriotes. J'hiberne en attendant qu'ils sortent tous de leur léthargie. Pauvre Martinique, c'est une île pour les retraités, mais vraiment pas pour y faire des affaires. Le monde de la paresse et du sommeil profond. La règle pour faire du bizness c'est ; pas de jour, pas d'heure. Si vous vous imposez des contraintes telles que des fêtes commerciales (noël, st valentin, anniversaire…) ou bien des jours fériés et week-end où vous ne pouvez pas être joignable, ne faites pas de bizness.
Voilà que me revient l'idée de la SCI, car j'avais déjà proposé cette entreprise en 2015 à mon ex-femme et je voulais y intégrer mes enfants. Seulement à l'époque, cette personne

méfiante y a vu une arnaque où elle aurait été lésée. Je la remercie aujourd'hui d'avoir eu cet état d'esprit qui m'aurait encore été défavorable. Effectivement pour créer ce genre de société, il faut être sûr de ses associés et dans le cas présent même s' il s'agissait de mes enfants, je peux dire aujourd'hui que tôt ou tard j'aurai eu des problèmes avec eux. Vu l'éducation qui n'est pas la mienne, nous aurions forcément eu des désaccords, car je n'aurais pas été suffisamment vigilant quant à la création des statuts. En effet petit nous avons une autre considération de l'individu, mais un jour tout le monde grandit, se marie et les esprits changent. Aujourd'hui j'ai pu mettre à l'abri ma compagne, sans pour autant déshériter mes enfants et je préfère prendre des risques avec quelqu'un qui me nourrit depuis plus d'un an plutôt que quelqu'un à qui j'ai donné la vie et qui ne sait même pas si j'existe. Cette leçon je l'ai tirée du vendeur de ma résidence qui s'était marié avec une femme près de trente ans plus jeune que lui. Au début j'ai jugé et longtemps après j'ai compris que la seule personne qui prenait soin de lui était une étrangère et non ses dix héritiers biologiques. Il n'était certainement pas dupe qu'il y avait un intérêt de la part de son épouse, mais il y tirait certainement un intérêt non négligeable. Il n'y a rien de pire que la solitude liée à l'abandon. Il nous envoie dans les bras d'un étranger ou bien du Diable.

Avantages et inconvénients les plus importants.

SCI à l'IR :
-Permet d'être à plusieurs associés.
-Vous êtes imposé sur les revenus.
-Vous ne pouvez pas faire de LMNP/LMP (location meublé toléré seulement sur 10%).

SCI à l'IS :
-Permet d'être à plusieurs associés.
-Vous êtes imposés aux régimes des sociétés.
-Vous pouvez louer en meublé ou en nue.
-Comptable obligatoire.
-Vous pouvez amortir toutes les charges ; frais de comptabilité, frais de notaire… (attention, à la sortie votre bien aura une valeur comptable de 0€. À utiliser de préférence pour de la transmission).
-Sortir des dividendes est plus compliqué que pour la SCI IR.

SARL de famille :
-Uniquement pour les membres de la même famille.
-Uniquement de la location meublée. (considéré par l'administration fiscale comme activité commerciale).
-Les banques suivent plus difficilement ce genre de société, car sa responsabilité est limitée aux apports en capitaux.

Bien sûr il y a d'autres types de sociétés. Faites vous accompagner par un professionnel pour choisir la structure qui correspondra le mieux à votre stratégie patrimoniale.

Fin de l'indivision

Nous sommes le 23 juillet 2020 et je sors enfin de mon indivision après dix ans. J'aurai perdu en tout 400 000 euros, entre les frais de notaires au départ de l'acquisition puis au rachat de soulte ainsi que les loyers non perçus, les crédits non payés par l'autre co-emprunteur et les crédits avancés seul pour les travaux d'entretien. Me revoilà reparti pour 15 ans de crédits sur une même acquisition, pour laquelle il me restait encore 5 ans à payer.

Crédit avec différé

J'ai pu négocier un différé partiel pour mon crédit (en pleine période de Covid19). L'idée est de créer un peu de trésorerie pour pouvoir, dans mon cas, payer la taxe foncière sans difficulté. J'ai commencé à payer les taux d'intérêts et l'assurance à partir du déblocage des fonds, mais je n'ai commencé à payer le crédit que 5 mois plus tard. Ce principe vous permet une tranquillité d'esprit non négligeable. Il faut penser à négocier un différé, avec votre gestionnaire, lorsque c'est possible.

Achat acte en main

La méthode de l'achat, acte en main, est simple et permet d'inclure dans le financement les frais de notaire qui incombe à l'acquéreur. Vous devez proposer au vendeur d'acheter le bien au prix de vente normal en y ajoutant le montant des frais de notaire (ce qui ne changera rien au final au prix de vente). C'est à vous ensuite d'intégrer dans votre projet auprès de votre établissement bancaire la totalité du financement. Le jour de la signature le notaire prendra sur la partie qui lui revient.

Pourquoi un achat "acte en main" ?
Tout simplement parce que certaines banques sont réticentes à l'idée de financer l'ensemble d'un projet et veulent une participation de votre part.

Mariage sous contrat

Il vous protège tout aussi bien que votre conjoint. Il simplifie la relation car l'encadrement et les explications du notaire répondent aux interrogations. Il protège l'époux(se) en cas de décès, en ce qui concerne la transmission de votre patrimoine.

2021

Vivre et pas survivre

Expérience professionnelle :

Certains l'appellent la "rat race", moi je la considère comme un jaugeur de notre détermination. Pour ma part ça aura été un moteur qui m'aura appris à me canaliser. Je ne donnerai pas ici les détails sur cette société, pour laquelle j'ai eu le mérite d'être récompensé par ma patience. Je veux juste que vous puissiez constater à quel point il faut faire des sacrifices pour atteindre les objectifs que l'on se fixe. J'évoluais dans une entreprise dont la pénibilité des horaires et du travail sont reconnus de tous. Le dirigeant bien que faussement riche, n'avait rien qu'un investisseur serein puisse envier. Il avait été clairement l'exemple de ce que je ne voulais pas devenir, c'est à dire anxieux en tout temps et à la limite de la paranoïa. Bien que pérenne en apparence, l'ensemble de son bizness ne se reposait que sur des stratégies fragiles qui le rendaient de plus en plus désagréable. Plus il investissait et plus il était devenu difficile de travailler avec lui. Plus aucune règle n'était respectée par notre homme, mais sans le savoir il devenait l'exemple de ce que je ne voulais absolument pas devenir. Seulement il n'avait pas les moyens de me détourner de mes objectifs. J'étais clairement exploité par mon patron, en plus de la pression psychologique. Pour ne pas avoir répondu à mon téléphone personnel, le seul dimanche que j'avais comme repos dans le mois, je fus puni. Mes salaires de novembre et décembre furent réglés avec plus de deux mois de retard. Il disait à qui voulait l'entendre qu'il fallait que je serve d'exemple. Il ne manqua pas de me dire en face que nous ne jouions pas dans la même cour. Quotidiennement je recevais des pressions afin que je démissionne, mais mes objectifs étaient de garder le cap jusqu'à la fin. Imaginez-vous que le même mois où je me mariais, avec les fêtes de fin d'année, j'étais privé de salaire. Seulement le soutien de mon épouse, et l'homme HEUREUX et déterminé que j'étais ne pouvait pas faillir. Certes la période était complexe car j'avais des retards de loyers conséquents en plus de la pression des impôts en retard. Aussi plus tard j'appris avec stupéfaction que les retenues faites sur mon salaire pour payer la pension alimentaire de mes enfants n'étaient pas reversées à la CAF, mais conservées par cet employeur. Mes collègues, ainsi que mon entourage se demandaient comment et pourquoi je restais à travailler avec cette pression. En fait, j'étais réellement là pour les avantages que me procurait mon contrat de travail. Le CDI est un levier puissant pour travailler avec les banques. J'affinais petit à petit mais sûrement mes stratégies auprès des banques, et je m'enrichissais en même temps des erreurs des autres. Aujourd'hui je peux vous dire ce que je me disais à moi-même chaque matin au réveil, chaque heure de la journée et chaque soir : **NUL NE PEUT ME DÉVIER DE MES OBJECTIFS... PERSONNE !**

La BOURSE

J'ai commencé à m'intéresser au marché boursier en 1995, alors que j'étais encore scolarisé. Mes camarades de classe investissaient dans des magazines automobiles, pendant que je scrutais en classe, le Parisien. Je me souviens qu'à l'époque je voulais acheter un lingots d'or à 55k francs et qu'il en vaut aujourd'hui (2024) 72k€. Pourquoi ne l'ai-je donc pas fait ? Ils rêvaient pour la plupart de la voiture d'occasion qu'ils allaient acheter avec leur salaires de misères (nous étions apprentis) tandis que moi, j'avais une fascination pour cette nouvelle façon de gagner de l'argent qu'un collègue de travail m'avait rapporté ; "le Trading".

Je vous rappelle quand même qu'à l'époque il n'y avait pas internet, donc il était plus difficile de se former sur le sujet. Je me souviens avoir joué la sécurité en achetant quelques parts de SICAV[8] par le biais de mon banquier, sans grande conviction, mais juste pour le principe de dire que j'avais placé de l'argent en bourse. J'ai également acheté quelques actions, et gagné un peu d'argent, mais rien de bien remarquable. Il est sûr que si j'étais resté sur mes positions de départ aujourd'hui je serai déjà très riche (d'argent) depuis longtemps. Mon rendement ne pouvait pas être performant sans les outils que nous connaissons aujourd'hui, que sont l'internet, etc...

Mes conseils :

---

[8] Les SICAV (Sociétés d'Investissement à Capital Variable) sont des organismes financiers appartenant à la catégorie des OPCVM (Organismes de Placement Collectif en Valeurs Mobilières) qui sont en général créés par un organisme bancaire ou financier qui en assure la gestion.

Encore une fois, il n'est pas question ici de noircir du papier. Il faut bien comprendre que je parle de choses que j'ai connues depuis que j'ai investi. Je ne vais pas rentrer dans des détails techniques que je ne maîtrise pas pour donner du rythme à ma biographie. Je n'excelle pas dans ce type d'investissement, car je suis resté très longtemps sans pratiquer, mais une chose est sûre c'est que je n'ai pas perdu d'argent dans mes placements. Avant tout, il faut penser à sécuriser son patrimoine avant de penser à "jouer" en Bourse. Il ne faut pas suivre la tendance ou la mode et foncer tête baissée sans réaliser qu'il y a des risques de banqueroute. Selon moi, investir en bourse est incompatible avec une personne qui ne se soucie pas de l'actualité, car les marchés fluctuent en fonction de ce qui se passe dans le monde. Il faut être au fil des événements contemporains, des progrès techniques et technologiques… il faut comprendre son époque. La Bourse est une méthode qui permet d'optimiser son investissement de départ, si l'on veut obtenir de bonnes performances. Il y a plusieurs façons de concevoir les placements boursiers. Soit on fait du trading, soit on place son capital dans des produits (ETF, Sicav) plus ou moins sécurisés, qui rapportent sur du long terme, en "bon père de famille". Vous pouvez également acheter des actions directement si vous demandez à votre conseiller financier un abonnement à cet effet. Privilégiez des actions françaises comme ça vous ne paierez pas des frais supplémentaires pour accéder à des marchés étrangers. Je parle ici pour des débutants qui veulent minimiser leurs risques. Allez aussi chercher les sociétés qui versent des dividendes (Air liquide, Total…) c'est toujours bien d'avoir ces entrées d'argents supplémentaires.

Or d'investissement

J'ai acheté très peu d'or physique, car c'est difficile de le faire acheminer en Martinique. La douane ici se permet de poser des taxes dessus, alors que l'or d'investissement n'est pas soumis à la taxe douanière, ni à la TVA s'il respecte les critères définis. C'est pour cette complexité d'acheminement que très peu de fournisseurs veulent livrer dans les DOM-TOM. Ensuite il faut pouvoir le sécuriser et là encore à ma connaissance il n'y a qu'une seule banque locale qui détient des coffres. J'ai donc opté pour un coffre en banque pour ne pas être victime de vol. J'ai ensuite opté pour le "lingotin" car il est facile de livraison et qu'il correspond plus facilement à mon budget. L'or, dit d'investissement, est scellé et porte un numéro de propriété. Il est de ce fait identifiable et ne doit en aucun cas être sorti de son étui car il perd automatiquement sa valeur et la garantie de sa pureté. J'ai surtout investi dessus non pas pour ses performances en bourse, mais plus comme une revanche 20 ans plus tard. Je voulais avoir mon lingot. Je me suis également procurée des napoléons, mais il faut vraiment faire attention à la revente, car il y a des professionnels peu scrupuleux qui vont essayer de vous les racheter au poids et non à la valeur du cours.

Succession et Donation

Donation

Ici nous allons aborder deux chapitres qui sont un peu des nœuds de sac pour des personnes inexpérimentées. Au fil du temps j'ai acquis des compétences qui m'ont valu des connaissances juridiques et biens d'autres encore. Je me suis construit seul (et des fois ma mère m'apportait quand même un soutien, mais rien qui ne puisse la mettre en avant dans mes investissement). Elle me missionna sur la donation d'une petite parcelle de 6 ares, qu'elle reçut de son père. Là où ça se complique c'est lorsque l'un des héritiers réservataires veut mener une action en réduction[9].

Succession

La loi Letchimy permet de sortir de l'indivision, plus facilement, lorsqu'un ayant droit pose des difficultés (et qu'il ne veut pas signer). En clair, on fera sans lui et on procédera à la succession.

Conseil :
Je ne vais pas rentrer dans les détails ici, sinon il faudra écrire plusieurs chapitres, mais renseignez-vous sur le BOFIP[10]. La

---

[9] L'indemnité de réduction en droit des successions est une somme qui peut être demandée, si besoin en justice, par un héritier en cas d'atteinte à sa réserve héréditaire.

[10] Le bulletin officiel des finances publiques - impôts, anciennement bulletin officiel des impôts regroupe, en France, dans une base unique et consolidée, l'ensemble des commentaires de la législation fiscale publiés par la Direction générale des Finances publiques.

loi vous permet de faire une donation de 100k€ par parent et par enfant tous les 15 ans. Un couple peut donc transmettre à chacun de ses enfants 200k€ en exonération de droits.

Faites les choses de votre vivant. Ne laissez pas vos enfants se déchirer pour des biens. Pour ma part les choses sont réglées depuis longtemps.

Investir en groupe

Ce n'est pas évident de trouver les bonnes personnes pour investir en groupe.
Il faut vraiment que les profils des individus sélectionnés vous correspondent au départ, mais qu'il ne soit pas un frein lors de l'étude de leur capacité d'endettement pour les banques. Vous pouvez avoir une personne motivée, mais avec un profil qui complique le montage. Il y a aussi ceux qui ont un masque et qui se transforment lorsqu'ils comprennent qu'ils ont des parts dans un programme qui va rapporter de l'argent. Ces personnes peuvent complètement pourrir l'ambiance joviale et la confiance du départ, et ainsi amener à divorcer (dissoudre la société à perte ou forcer votre départ). Il m'aura fallu plus de 2 ans pour monter ma propre équipe. J'ai rencontré beaucoup de personnes, seulement beaucoup trop étaient faussement intéressées. Aujourd'hui, c'est aux autres de me donner l'assurance qu'ils peuvent marcher à mes côtés et non l'inverse. Moi j'ai déjà fait mes preuves et je ne veux plus perdre de temps avec des personnalités corrompues par les modes. Tout le monde ne peut pas devenir investisseur dans l'immobilier. Je vois bien que c'est la tendance actuelle, mais il y a tellement à fournir avant de s'enrichir. Et lorsqu'on à enfin

réussi à s'enrichir un petit peu, il faut réussir à sécuriser ses gains. En France, les choses sont faites pour que vous gardiez le moins que possible en nom propre. Vous allez constater que beaucoup de stratégie vous mèneront à créer une société, et donc à vous associer pour soit alléger votre fiscalité, ou bien pour continuer à investir avec les prêts bancaires. C'est aussi la raison pour laquelle beaucoup d'investisseurs quittent la France. **Après, cela reste mon avis et je le donne, c'est mon ouvrage ;)**

Vous pouvez aussi opter d'investir dans une société foncière[11] . Vous minimisez ainsi vos risques, car vous détenez uniquement des parts qui vous rapportent des dividendes (bénéfices) sans être le maître de l'exploitation, avec tous les problèmes que cela comporte. C'est une façon sécurisante de placer ses économies.

---

[11] La société foncière est une entreprise qui détient un parc immobilier en vue de le valoriser et/ou de le commercialiser. Cette société constitue et fait fructifier un portefeuille immobilier en le louant ou en l'exploitant.

2022

Travaux

Sur mon premier investissement à Drancy j'ai réalisé mes travaux moi-même et c'était ma résidence principale (RP). J'ai donc pu tout réaliser moi-même du carrelage mural de la cuisine au sol stratifié, en passant par l'électricité, etc… C'était enrichissant et j'avais le temps. J'ai même pu bénéficier d'une bonne plus-value à la revente. À présent, je m'interdis de passer du temps à faire des travaux moi-même. Premièrement mon énergie ne me le permet pas. Je n'ai ni la patience ni la force physique pour le faire, mais surtout mon temps est précieux. Je préfère déléguer à un professionnel qui va aller beaucoup plus vite que moi et dont je pourrai déduire les travaux dans mes impôts. La décision finale c'est vous qui l'aurez quoi qu'il arrive, alors n'hésitez pas à déléguer au maximum afin de vous concentrer sur des choses essentielles. Sur vos chantiers, il vous faudra ensuite vous constituer une équipe d'artisans plombier, plaquiste, maçon, peintre, électricien… Soyez vigilant car il y a des erreurs qui peuvent coûter très cher et se terminer devant les tribunaux. Assurez-vous que chacune des personnes qui interviennent pour vous soient assurées et aient une couverture décennale en cas de dommage. Suivez vos travaux de près et posez beaucoup de questions pour comprendre ce que vous payez. Heureusement pour moi j'ai une formation technologique de base assez complète, qui me permet de comprendre rapidement les artisans et de rectifier le tire si nécessaire.

Loyers impayés et squatteurs :

J'ai tout de même eu pour la première fois en plus de vingt années de bailleur, un locataire "squatteur". Cette personne avait tout calculé avant de venir chez moi, au point d'avoir enquêté sur ma personne. L'indélicate m'a apporté des faux documents (contrat de travail, et fiches de paie). Malheureusement pour moi, à l'époque, je n'appellais pas les employeurs avant et je ne faisais visiblement pas suffisamment d'investigations, laissant place à mon intuition. C'est fini, maintenant j'appelle l'employeur et je prends un maximum de garanties. Il faut le plus que possible se protéger, en prenant une assurance GLI (Garantie de Loyers impayés) ou VISALE. Heureusement ce chapitre est clos pour moi, mais je ne vous souhaite pas de vivre cette mauvaise expérience. J'ai appris tout de même de cette mésaventure que je ne me protégeais pas suffisamment en tant que bailleur. Par exemple pour le département (La Martinique) où je réside, il y a deux organismes qui gèrent la distribution de l'eau. L'un est public et l'autre privé. Il faut savoir qu'il est important de ne pas donner les clés au locataire tant qu'il ne vous a pas prouvé qu'il a pris l'abonnement du compteur que vous lui avez décerné avec le logement. Le cas échéant, on vous tiendra pour responsable si au départ du locataire, il n'avait jamais pris l'abonnement et consommait l'eau gracieusement. Lorsque j'ai demandé à l'un de ces organismes de me renseigner, car j'avais des suspicions, on m'a répondu que pour des raisons de confidentialités, on ne pouvait ni me dire si le locataire sortant avait résilié le contrat, et ni me dire si le locataire entrant avait pris un abonnement. En revanche, j'ai été averti qu'au départ du squatteur c'est vers moi que l'organisme se retournerai s'il y avait eu de la consommation non payé, puisque j'aurai du demander à mon locataire qu'il me prouve qu'il avait pris à sa charge un abonnement. Sinon je devais prendre l'abonnement à mon nom et payer encore l'eau du profiteur. Pour EDF, c'est le même discours. Il faut mettre dans l'espace prévu à cet effet sur leur site tout nouveau contrat. Sinon, vous serez tenu comme responsable. Maintenant en ce qui concerne l'expulsion, il faut impérativement envoyer les lettres recommandées de mise en demeure à votre locataire et si rien ne bouge, demander une médiation avec le conciliateur de justice, qui est gratuit. Si vous sautez ces étapes et passez directement par le commissaire de justice, puis le juge, le tribunal vous renverra vers une médiation et vous serez débouté de votre demande. Moralité, perte de temps et d'argent.

Les impôts :

Ma pire aventure après plusieurs péripéties, à tout de même été la fois où je suis tombé sur un inspecteur qui m'a avoué ne pas être suffisamment formé, car le voyage vers l'hexagone leur coûtait trop cher. Donc ces personnes apprennent sur le tas. Sauf que cette année-là, il y avait une erreur de plus de 1500€ dans le calcul de la taxe foncière. Il a fallu qu'un collègue honnête de l'agent, le lui dise, pour qu'il accepte de revoir mon imposition. Avec toujours la même chanson "payez et s'il y a une erreur, on vous remboursera après !".

Je ne sais pas si c'est la fainéantise ou la méconnaissance de son travail, mais il a bien fallu que je me rende sept fois sur place pour qu'il accepte de faire la moitié du travail. Le reste c'est moi qui l'ai fait, puisque le relevé de propriété n'avait pas été édité, et il fallait que je récupère la TEOM (Taxe d'Enlèvement d'Ordure Ménagère) de mes locataires. L'inspecteur devait me donner la valeur locative de chacun de mes logements ;
(Valeur locative x 3,165)/2 x 19% = montant de la taxe à récupérer.
Il ne manque que "π" et pythagore pour rendre les choses encore plus compliqués. Certains font la ventilation de cette charge au prorata, mais ce n'est pas juste pour tous les occupants d'un même immeuble de faire ainsi, car si une personne occupe un studio elle n'occupe pas la même surface taxable qu'une personne qui habite dans un cinq pièces.

BILAN

Mon analyse sur cette épopée romanesque

La riche vertu qu'est la patience, lorsqu'on sait l'apprivoiser, peut s'avérer être une qualité fortement indispensable pour s'enrichir. Elle apporte indéniablement sagesse et résultats. Même pour aborder ce chapitre il faudra être patient pour comprendre ce qui amène à devenir riche. Cette volonté profonde qui vous donne l'énergie suffisante pour ne pas abandonner dans les pires passages de votre vie, car il va y en avoir. Il n'est pas facile de devenir ce qu'on n'a pas décidé pour vous au départ. Il faut tout construire ou reconstruire depuis le début. Vous reconditionner pour briser le formatage psychique dans lequel votre esprit à été modelé depuis toutes ces années. Revoir vos connaissances et même probablement vos croyances. Alors si vous n'êtes pas prêt à franchir le cap de l'apprentissage et de la patience, ne vous attardez pas plus sur les lignes qui vont suivre. Ici il n'y a aucune formule magique ou quotient mathématique pour ajouter des zéros à vos euros. Vous trouverez des attitudes à avoir face à l'adversité et quelques stratégies à adopter. En vous procurant cet ouvrage vous avez mené deux actions ; "passé" et "futur". La première a été une dépense que l'on peut considérer comme un investissement puisque vous tirerez des conclusions de mes expériences et donc par conséquent des résultats. La seconde action est un gain non négligeable, car c'est la chose la plus importante pour toute personne dans ce monde. Je parle ici du temps. Nous n'en avons jamais assez. On voudrait avoir des journées plus longues pour profiter plus des siens ou pour compléter un travail ou bien encore pour vivre plus longtemps, et plein d'autres choses que je vous laisse ajouter à cette liste. Mais la chose la plus importante que personne ne sait apprivoiser même avec tout l'or du monde c'est bien le Temps. D'ailleurs c'est encore ce temps que vous négocierez plus tard avec un patron. C'est la chose la plus chère au monde et je vous l'offre ici. Je vous fait gagner des années avec mon histoire et cela n'a pas de prix. Vous connaissez certainement cette expression qui dit "le temps c'est de l'argent". Perdre du temps n'est jamais bénéfique, alors on essaye de le remplir par des occupations. Le principe même d'une formation est de rencontrer un individu connaisseur d'un sujet précis et de prendre non pas son savoir mais les façons les plus rapides d'arriver à son niveau de technicité, car son savoir avec ou sans lui si vous avez la volonté vous y arriverez un jour, sauf que vous y mettrez plus de temps. Les autodidactes arrivent à faire les choses dans lesquelles ils s'engagent mais avec plus de temps que s'ils avaient engagé un professeur ; après la passion est un autre facteur qui peut changer la donne. Je vous donne donc de mon temps par le biais de mon vécu, mais surtout je vous permets de faire des raccourcis en évitant des obstacles qui vous auraient fait perdre de votre précieux temps. On considérera donc que vous avez démarré un bon investissement.

Je me suis marié trop tôt. Je ne remets pas en cause la rapidité, mais le fait de ne pas avoir suffisamment d'expérience à cette époque pour savoir ce que moi-même j'attendais de la vie. Une personne qui a une bonne expérience de vie et qui se marie en moins d'un an ne me choquera pas, car elle aura assez de recul pour savoir ce qu'elle attend de son conjoint, de sa relation et surtout ce qu'elle attend d'elle-même. Il faut se poser ces questions-là et si on ne se les pose pas encore ou si on ne sait pas y répondre c'est qu'il est encore trop tôt. Contrairement à ce que l'on pourrait penser dans un couple la femme est d'action et l'homme de réflexion. Ici je parle d'homme bien construit et non d'un jeune en devenir. Sur les épaules de l'homme doit se bâtir la sagesse qui permet la réussite d'un foyer. On devra prendre les bonnes décisions, qui assureront protection, sérénité et harmonie. La femme elle entreprend, dirige (directement ou indirectement), organise et même supervise des fois le bon fonctionnement à la maison. Son travail est souvent mal considéré à sa juste valeur, mais si on a pour habitude de dire que l'homme est un pilier, son épouse est bien le ciment qui le maintient. C'est pour toutes ces raisons qu'il faut faire le ou les bons choix, des personnes que l'on va mettre dans sa vie. Trop souvent on se laisse guider par nos hormones au lieu de mettre le bon sens dans notre sélection, et tôt ou tard on le payera cher. On sera touché soit au portefeuille et si ce n'est que cela ce n'est pas le pire. La plus mauvaise chose qui puisse vous démolir c'est bien l'atteinte psychologique ; lorsqu'on vous attaque sur vos enfants ou une chose pour laquelle vous avez de l'attachement.

Selon mes calculs mon indivision m'aura coûté plus de 400K€.
- Distance avec mes enfants
- Loyers perdus (perçus par le co-emprunteur)
- Crédit non payé par le co-emprunteur
- Rachat de soulte
- Nouveaux frais de notaires

Calculer sa réussite
Les 13 bonnes attitudes pour réussir

Tout le monde ne peut pas être rentier. Cela comporte quand même des risques non négligeables, de l'assiduité, ainsi que des sacrifices. Mais surtout une bonne maîtrise de la législation en général.

1. Soyez curieux. Il y a beaucoup à apprendre de tout le monde.

2. Il faut être capable de quantifier la valeur exacte de nos attentes, qu'elles soient numéraires, d'ordre sociétale, spirituelles et familiales.

3. Il faut savoir rapidement si on fait la route seule ou si on décide d'être accompagné, afin de définir le type de profil de personne que l'on choisira de mettre à nos côtés.

4. Changer son langage, ses idées[12] profondes et ses croyances.

5. Saisir toutes ses chances. On croisera forcément plusieurs fois dans notre vie, des gens qui peuvent nous aider à nous accomplir même financièrement ; tout se jouera sur notre façon d'accueillir ces donateurs.

---

[12] voir mes idées philosophiques page 131

6. Privation des passifs :
- Oubliez les fêtes, les anniversaires, les achats compulsifs... tout ce qui conduit à rendre riche les autres et vous appauvrir.

- Évitez les distractions, jeux, télévision, réseaux sociaux... et voyages, sorties entre amis... les gouffres tels que la moto si vous avez déjà une voiture. Privilégiez les transports en commun ou le vélo si possible.

7. Actifs :
- Essayez le plus tôt possible d'investir sur un petit bien de rapport (de type studio/T1).

- Créez des investissements actifs qui vont générer du cash.

- Ne pensez jamais à la place d'une banque et n'ayez pas peur de vous lancer. La banque vous dira OUI ou NON.

8. Le temps est la valeur la plus importante pour l'homme, bien avant la famille, l'amour... alors optimisez votre temps et soyez productif. C'est votre vie !

9. Le pardon fait partie de mes principes, mais il n'est pas le carburant de mon cœur, alors si on profite trop de moi, je m'éloigne définitivement des personnes mal intentionnées. Il ne faut pas s'encombrer avec des personnes toxiques qu'elles soient de la famille ou pas.

10. Ayez un bon réseau. Le relationnel est important. Vous devez impérativement gagner la confiance des banquiers, courtiers, associés, amis… (tous ceux qui peuvent vous permettre de financer vos projets).

11. Cumulez les jobs et les bizness. On ne fait pas d'argent avec du vent. Il faut bosser plus que les autres. Concentrez-vous sur vos objectifs.

12. Prévoyez un fond de garantie pour assurer votre sécurité.

13. Formez-vous ! Quelque soit la façon dont vous le faites, mais faites-le. L'intuition ne règlera pas tout.

14. Le BOFIP[13] est votre meilleur ami. Il passe avant les conseils de mamie, tata, papa, cousin… enfin tout ceux qui connaissent sans avoir rien fait. C'est l'allié indispensable d'un bon entrepreneur.

---

[13] Le bulletin officiel des finances publiques - impôts, anciennement bulletin officiel des impôts regroupe, en France, dans une base unique et consolidée, l'ensemble des commentaires de la législation fiscale publiés par la Direction générale des Finances publiques.

Cauchemar dans l'immobilier

Soyons sérieux, l'investissement immobilier n'est pas l'affaire de tout le monde et ce n'est pas la solution immédiate pour quitter la "rat race". Je vois des formations et des investisseurs "surdoués" qui vous promettent du cash-flow facile et rapide. Dans la réalité, l'immobilier est une course de fond et même avec beaucoup de technique et de chance, rien ne garantit une réussite sans problème. Il est vrai qu'un peu de formation peut-être utile, mais c'est surtout la passion et l'entrain que vous allez mettre dans vos recherches qui vont faire la différence. Vous allez échouer et perdre de l'argent, soyez-en sûr, car on ne peut pas tout connaître. L'investissement dans la pierre est surtout une solution alternative qui va mettre du beurre dans les épinards au départ, mais pas vous donner véritablement l'indépendance financière. Il faut tout de même rester réaliste, car il y a certes des avantages, mais également beaucoup de contraintes et inconvénients. Pour être performant il va falloir considérer que c'est un vrai métier où il vous faudra beaucoup de patience et d'attention. Il faudra bien connaître la fiscalité, vos droits et surtout vos devoirs.

Vous allez perdre vos (faux) amis, vos proches et vous risquez de vous retrouver seul. Certains diront qu'il vaut mieux être seul que mal accompagné, mais ça c'est une autre histoire.

Certains locataires deviennent difficiles une fois installés. Ils ne voudront pas vous donner l'attestation d'assurance tous les ans. Voire même supprimer l'assurance en milieu d'année sans vous le dire. Il y a les professionnels des retards répétitifs, qui ont toutes les excuses du monde pour ne pas payer. Ceux qui détruisent vos mobiliers. Ceux qui magouillent les compteurs. Ceux qui remettent toutes les charges en question. Les blasés qui ne déclarent pas en temps et en heure leurs revenus à la CAF. Je me suis retrouvé avec un an de retard d'allocations. Autant vous dire qu'il faut avoir de la trésorerie de côté pour ne pas faire banqueroute.

Le recours à un tribunal, un huissier, un avocat et un conciliateur de justice qui sont censés être les coéquipiers de la bonne équipe (vous), mais dans la réalité c'est autre chose, peut-être fastidieux à terme. Vous allez dépenser beaucoup d'argent et d'énergie, avant d'avoir retrouvé vos droits, et votre sérénité.
Moi je privilégie l'indemnité d'éviction qui peut-être une motivation pour le départ du locataire avec qui vous avez le conflit. Il faut bien faire comprendre à celui-ci que vous n'êtes pas là pour lui pourrir sa vie, mais seulement pour réussir dans vos objectifs. Certes l'indemnité d'éviction est beaucoup plus courante dans la location commerciale, mais elle aussi praticable pour la location d'habitation.
D'ailleurs, elle figure sur la déclaration 2044. Il est sûr que piocher dans sa trésorerie pour ça n'est pas plaisant, cependant si cela peut débloquer une situation qui risque de s'empirer, je pense qu'il vaut mieux être raisonnable et chercher l'apaisement. Comme je le dis souvent, même si des fois le dialogue a été compliqué avec quelques locataires ; je ne suis pas là pour me chamailler avec eux. Aujourd'hui ce modèle devient de plus en plus difficile, car les mentalités ont changé. Auparavant on vous regardait avec du respect lorsque vous étiez quelqu'un qui avait réussi, alors que maintenant les gens sont profondément aigri, parce qu'ils fantasment sur des

modèles de réussite sans effort. Les réseaux sociaux créent une société malade et ne valorisent pas le travail.

Mes recommandations

• Scrutez, analysez, observez, les moindres réactions qui peuvent montrer que votre conjoint n'est pas là que pour de bonnes intentions.
Si l'adversaire est difficile à cerner, mettez-lui des pièges et en temps et en heures vous baisserez votre garde. C'est sûr que vous n'éviterez pas forcément la triche, surtout si vous avez affaire à un escroc professionnel qui sait jouer avec vos sentiments.

Mon discours peut sembler immoral ou contre l'amour, mais il peut vous sauver... après, j'ai écrit tout un livre sur le sujet "Amour" et je peux dire qu'il n'est pas dans toujours dans le cœur de celui en qui on a le plus confiance. Pour le reste votre intuition est un élément clé.

• Tout le monde est matérialiste à plus ou moins des degrés différents. Certains voudront vivre dans l'opulence et d'autres se contenteront de moins, mais gardez en tête que ce que vous considérez comme raisonnable peut très bien être considéré comme abusif dans un autre pays. Celui qui vivra dans un HLM se trouvera bien loti et pourra voir celui qui vit dans une villa en face de la mer comme exagéré. Celui qui vivra dans une cabane au fond d'une forêt, pourra trouver que les services (voirie, assainissement des eaux usées, espace vert, éclairage…) apportés à la résidence HLM sont trop coûteux.

• Il est important d'avoir également dans son entourage des personnes qualifiées dans le domaine juridique et la comptabilité. Si vous n'avez pas cette chance, n'hésitez pas à payer des professionnels, qui vous feront gagner de l'argent en vous évitant d'en perdre.

- Ne perdez jamais votre sang froid. Il y a des gens qui peuvent vous sortir de vos gonds sans le vouloir réellement, simplement parce qu'ils manquent d'éducation, mais cela ne veut pas dire qu'il n'y a pas de professionnels de la provocation. Certains individus sont procéduriers et chercheront un moyen de vous pousser à bout, afin de gagner un préjudice devant les tribunaux.

- La plus grande richesse pour un être humain c'est le temps, alors ne le perdez pas dans l'hésitation. Foncez ! Vous apprendrez à réfléchir en avançant au fil du temps.

Ayez toujours en tête qu'il vous faut avoir 26 plans, de A à Z. Faites fonctionner votre imagination avec plusieurs plans au cas où le premier et le second ne fonctionnent pas. Il y a toujours une solution à vos problèmes. Les rêves sont les moteurs de la motivation.

Langage et code

Aujourd'hui je dirai que je me compare à un illusionniste et que là où certains parleront d'investissement, je parlerai de la magie que confère l'intuition.

L'homme n'est pas fait pour travailler, mais pour avoir une activité.

L'argent n'existe pas. Il existe pour les dealeurs et les barons de la drogue. Pensez-vous réellement pouvoir sortir 100 000 euros d'une banque en petite coupure de billets ? Pensez-vous sincèrement qu'un milliardaire cotoi les petites pièces jaunes que vous avez dans votre porte-monnaie ? Ce qui existe ce sont les signatures que vous apposez sur vos contrats, vos prêts ou votre chéquier. Avez-vous déjà vu un arbre avec des billets de banque ? Des personnes se sont mises d'accord pour dominer les autres et amener le peuple à accepter cette domination. Vous êtes-vous déjà posé les questions : pourquoi ne pouvons-nous pas créer de l'argent ? Pourquoi la personne qui a créé la première crypto-monnaie ne s'est jamais fait connaître ? Il y a trois façons de voir l'argent :
1. Les pauvres n'y pensent même pas, leur bonheur est ailleurs, dans leur rapport avec leur environnement.
2. La classe moyenne est persuadée qu'il est fondamental pour la participation du bonheur.
3. Les très riches le voient comme une énergie qui permet de créer et c'est ce qui les pousse à investir.

Bien sûr aucune règle n'est absolue à 100% et il y a des gens dont les futilités du monde sont leur unique préoccupation, mais souvent ces personnes sont des parvenus, héritiers de richesse et qui auront grandi sans les valeurs humaines essentielles.

Fiscalité

En approchant ce chapitre je me suis rendu compte que la fiscalité peut-être compliquée à aborder dans cet ouvrage et qu'il atteindrait rapidement le double du volume. Il y a tellement de choses à dire que je ne sais par où commencer. Par conséquent, je pense qu'il est préférable pour un novice de se faire accompagner par un professionnel. Chaque affaire est différente et les problématiques des calculs sont multiples. Vous pouvez également investir sur un ouvrage spécialisé sur la fiscalité. N'oubliez pas que le BOFIP est votre ami.

Pour bien investir il est important d'apprendre à calculer la rentabilité du projet.

nette

$100 \div Achat \times Revenus\ annuel\ =\ $ % nette

Achat = valeur du bien + frais notaire + (frais agence)
Revenus annuel = loyers - (taxe foncière + impôts + syndic + assurances + CSG + frais de gestion + travaux)

nette nette

$100 \div Achat \times Revenus\ annuel\ =\ $ % nette

Achat = valeur du bien + frais notaire + (frais agence)
Revenus annuel = loyers - (crédit + taxe foncière + impôts + syndic + assurances + CSG + frais de gestion + travaux)

Taux d'endettement

Sans pour autant être obligatoire, il faut savoir qu'en générale les banques appliquent pour l'obtention d'un prêt un indicateur d'aide qui se base sur un calcul permettant au final de déterminer la capacité d'endettement d'un emprunteur, c'est-à-dire le montant des mensualités de crédit qu'il est prêt à supporter dans son budget. Si le taux d'endettement est inférieur à 35 %, le montant calculé tiendra compte de cette limite pour déterminer la capacité de l'endettement du foyer.

$Charges \div Revenus \times 100 = $ taux d'endettement %

Prélèvement sociaux sur les revenus locatifs (valeurs année 2024).

- 9,20 % de contribution sociale généralisée (CSG).
- 0,50 % de contribution au remboursement de la dette sociale (CRDS).
- 7,5 % de prélèvement de solidarité.

Ces prélèvements sociaux s'appliquent après l'abattement permis sur les loyers perçus, soit :

- 30 % en location vide
- 50 % en location meublée.

Exemple : des revenus locatifs annuels de 5400 € en provenance d'un logement meublé, dans l'immeuble de Fort de France, ne sont imposables qu'à 2500 € (5400 € – 50 % = 2700 €). Les 17,2 % de prélèvements sociaux s'appliquent sur les 2700 €, soit 464 €.

Créations artistiques

Comme je l'ai dit, l'art en général a une grande place dans ma vie. J'aurai passé en tout près de 30 ans à m'exprimer sur différents supports.

Il faut savoir que toutes ces créations ont coûté énormément de temps et d'argent, sans pour autant avoir été rentables. Avec un très faible retour sur investissements, voire nul ou déficitaire, je peux dire que c'est plus la passion et l'amour de l'art qui ont guidé mes pas. En revanche, dans la durée certaines œuvres pourront être rééditées ou rapporter des droits d'auteurs. Je retiens tout de même qu'il est toujours satisfaisant de voir ses œuvres diffusées dans des pays où on a jamais mis les pieds. Mon esprit à ainsi fait le tour du monde et cela n'a pas de prix. À ma connaissance, le Brésil, la Chine, l'Angleterre, le Japon, la Floride, la Nouvelle Calédonie, l'Allemagne, le Mexique, l'Irlande ont déjà apprécié mes œuvres musicales ou mes livres. Voilà une récompense qui enrichit le cœur.

Discographie

Différents styles *feat.Harmony (auto-production 2009)*
Konpa Style *(co-production Chabine prod 2010)*
La Perfecta 40 ans *(production/réalisation 2010)*
My Playlist *(production/réalisation 2011)*
Ansanm *feat. Génération Frères Déjean (auto-production 2010)*
Bobo à l'hôpital *feat. GFD (auto-production 2015)*
Zouk love *feat. GFD (auto-production 2016)*
Un homme tout simplement *(auto-production 2016)*
Kouman nou yé kounia "cover jazz" *(CHEPROD 2024)*
Kouman nou yé kounia *feat. GFD (CHEPROD 2024)*

Clips

Marina & me *(2009)*
Péyi mwen *(2009)*
Jen fi ou dous *(2010)*
Zanfan kréyol *(2010)*
On se marie au soleil *(2011)*
La réfugiée de Darbida *(2011)*
Zanmi pou la vi
Lajan fasil
Ansanm
Bobo à l'hôpital *(2015)*
Zouk love *(2016)*
Kouman nou yé kounia "cover jazz" *(2024)*

Spectacle

Musique & Magie[14] (co-production Dave Provo)

Animations

La traversée des Océans Les héros des univers II (production)
Youp'lala générique dessin animé (production)

Bibliographie

1. Les héros des univers I roman (*auto-édition 2017*)
2. Maximes & Poèmes-Journal du 22/05/2048 (*auto-édition 2018*)
3. Les héros des univers II roman (*auto-édition 2018*)
4. Les héros des univers II BD (*auto-édition 2018*)
5. *Collaboration sur "les vies d'ailleurs" de Sandra Dumeix (2019)*
6. Youp'lala découvre la musique I (*édition Orphie 2019*)
7. Amour/Haine-le journal d'Avïdal (*édition Orphie 2019*)
8. Le monde est petit (*auto-édition 2019*)
9. Le monde est petit 2 *"Les papas n'aiment vraiment pas leurs enfants"(auto-édition 2021)*
10. La plume et le sang pour la paix "Qui sont les habitants de la Martinique ?" *(auto-édition 2021)*

---

[14] Le spectacle "Musique & Magie" à été joué, à l'Atrium à la Martinique, en décembre 2014, pour des écoles primaires de Fort de France.
lien youtube : https://www.youtube.com/watch?v=T09bjsF4rKg&t=112s

Philosophie et poésie

Il est impossible pour moi de ne pas aborder ce chapitre qui révèle beaucoup sur l'homme que je suis devenu.

Le passage philosophique qui suit est un extrait censuré dans le livre "Le monde est petit II" car jugé trop technique par un éditeur, alors si cela ne vous parle pas sautez simplement ce chapitre. Ensuite l'autre passage est celui qui m'a révélé au monde scolaire, cet extrait a eu le mérite d'inspirer autant un public averti que des jeunes que j'ai pu rencontrer et inciter à la lecture dans les lycées que j'ai visités.

"...Si on réussit à répondre à ces questions qui sont ; qui suis-je pour penser avoir un avis important et utile, et ensuite m'a t-on appelé ; est-on meilleur que celui que l'on juge et prétend aider ; quel est l'intérêt pour moi que l'autre se trouve et se dépêtre de ses maux, sans être gêné de ses propres reflets : on peut alors entamer de poursuivre la démarche, si elle le nécessite. Et bien je le confirme : si on parvient à répondre à ces énigmes, et seulement si, on pourra admettre favorablement qu'on a l'entière objectivité dans ses émotions et qu'aucune doctrine ne nous abuse inconsciemment. Un jour j'ai entendu parler de cet esprit Kafkaïen et en abordant ses convictions j'ai reconnu dans les travaux de cet homme tout ce qui me caractérise : les mêmes angoisses et troubles qui empêchent la socialisation avec les autres. En effet, cette volonté de vouloir la justice à tout prix peut mettre en péril votre propre état mental, au point de vouloir faire disparaître en même temps ce qu'on écrit. Alors j'ai rajouté Franz Kafka à ma liste interdite de lecture. Il côtoiera Frantz Fanon, Raphäel Confiant, Edouard Glissant... non pas pour les mêmes raisons qui rassemblent tous ces écrivains pour qui j'ai le plus grand

des respects et qui sont référencés dans ma bibliothèque, mais tout simplement parce que j'ai peur qu'ils viennent polluer mes inspirations et mes idées profondes. Si l'on m'accuse de plagiat ou bien encore d'être l'héritier de l'un d'entre eux, ce sera juste parce que nos raisonnements nous auront menés sensiblement à des conclusions similaires…"

Extrait censuré du roman "le monde est petit 2"

"Je suis Créole, de la Martinique
Man sé nèg Matinik

Aujourd'hui je prends la parole, en qualité de pamphlétaire.

J'aurais aimé dévoiler une société en rémission, en voie de guérison ; seulement la névrose collégiale que j'observe résulte de notre indigne passé colonial et le silence accompagné d'une perte de mémoire délibérément consentie, sont des plus outrageants pour ceux que nous étions, sommes et deviendrons.

J'aurais voulu que cette lettre ouverte ait le léger piquant satirique d'un épigramme ou l'humour que l'on puisse attendre d'un libelle, mais hélas on y reconnaîtra plus les traits de caractères d'une diatribe, car il n'y a point de dérision dans l'abject que je dénonce et encore moins de ridicule dans les maux de mes contemporains.

Ces maladies qui nous collent et que nous ne savons pas guérir sont inscrites au plus profond de nos gènes. Elles nous aliènent, nous troublent et nous dispersent, révélant de profonds problèmes existentiels.
Nos pathologies sont multiples et commencent par la pénurie de compassion pour nous-mêmes.

"L'abandon est l'un des symptômes que subissent nos cœurs atrophiés à qui il manque un morceau."

L'abandon de nos aînés est sûrement lié au fait de nous avoir séparés de nos familles, pour être dispatchés au gré du vent et au profit de la rentabilité.

Le délaissement encore de nos jeunes, sujet à la déréliction qu'ils ressentent, alors qu'on les accuse à tort d'être illettrés. Ces enfants profitent tout juste des avantages de Charlemagne, pour être malmenés par notre système professoral et dogmatique. Les parents devenus nombrilistes font face à beaucoup trop d'enseignants appelés plus par les avantages que par vocation.
Les victimes qu'ils sont en réalité de cette entreprise en schisme, ont plus la définition d'écolierillettré[15].

Des géniteurs qui n'aiment pas leurs progénitures, des rejetons qui n'aiment pas leurs parents. C'est un triste palindrome qui ressemble fortement à cette étrange "Lettre de Lynch". Celui encore dont on baptisa un quartier tout entier dans la commune du Robert, car ici beaucoup de bourreaux sont récompensés, lorsque les véritables héros sont oubliés.

"Dans l'éducation de mon père, je reconnais les maîtres qui ferronnaient leurs biens qu'étaient nos ancêtres. Coups, blessures profondes qui déchirent le corps et affectent l'âme."

La violence gratuite s'est transformée en maltraitance dans l'éducation de nos enfants.

---

[15] écolierillettré est un néologisme de l'auteur : écolier-illettré

Nous sommes solidaires avec tous nos pays voisins, alors que nous sommes aisément pingres et fielleux pour nos propres proches.

"Mes semblables n'ont-ils pas fait de moi un Négropolitain ? Un autre, d'ailleurs, qui les dérange..."

Notre héritage polygamique, que nos hommes et femmes usent allègrement, nous vient certainement de notre mère Afrique, mais il ne faut en aucun cas sous-estimer le génotype légué par nos pères violeurs et pédophiles qui découchaient allègrement, pour estimer la valeur (rentable et économique) de leurs jeunes femelles, et sans qui nous n'aurions pu profiter de nos premières mules (âtresses).
Devant notre manque de répartie, on nous pointe du doigt pour une prétendue tare qui touchait déjà les rois de France et de Navarre, jusqu'à nos infidèles présidents d'aujourd'hui. J'en ai pour preuve la Mauresse de Moret, cette Mulâtresse conçue plus probablement d'un nid illégitime du roi Louis XIV ou de sa reine, que d'un excès de chocolat.

Notre seul défaut une fois encore est de nous vanter inlassablement du nombre de nos conquêtes, plutôt que d'en favoriser la discrétion.

De cette même dérive nous blâmons ces incestueux qui proféraient hardiment : "Man pa ka nouri chouval pou ba ofisié monté". Voilà bien là une preuve de la rupture familiale dans la souche même de la couche.

Symptomatiquement on reconnaîtra les travers de la mythomanie qui s'étale au plus large de notre territoire et dont les racines sont probablement liées à un complexe d'infériorité ayant muté en une manière d'affirmation, afin de ne pas être mésestimé dans la société.

"Cloître du déboire, de la débâcle, qui envenime ma condition mentale de départ. Martinique nid que j'affectionne à présent, lieu où mon âme vit le jour."

Afrique, Goré, terre d'origine, ailleurs que je ne connais point, sache que rien ne résonne plus en moi, que ce que je suis à présent : le fruit d'une descendance illégitime.

Jadis, volontairement ou non, tu te fis complice en accouchant d'une sous-espèce hybride formée de Sacatras, Mulâtres, Câpres, Griffes, Marabous, Tercerons, Quarterons, Mamélouks, Quinterons, Octavons, Métis, Sangs-mêlés, auxquels se mélangèrent Caraïbes et Coolies. Mestif[16], imparfaits nous fûmes face aux colons, Békés légitimes détenteurs du titre Créole.

Naguère, fier ou pas, le pidgin de départ est devenu le nom que les miens portent également à présent.
Maudite créolisation aux profits de notre majestueuse créolité. D'ores et déjà, ce passage qui me noue la gorge et que je couche avec cette encre pourpre de colère, devient sans mollesse un factum.
Aucun raisonnement valable ne justifiera les actions dont je les accuse tous indépendamment, qu'ils fussent blancs ou noirs, kidnappeurs, vendeurs, acheteurs, violeurs, tourmenteurs et meurtriers d'autrefois. Ni commerces, ni dieux ne sont légitimes dans une telle barbarie. Quant au petit peuple de France qui reçoit le mépris de Marie-Antoinette ; "S'ils n'ont

---

[16] Mestif ou Métif est le nom que l'on donnait au Métis à la période esclavagiste.

pas de pain, qu'ils mangent de la brioche...". Ces pauvres paysans ne sont pas à blâmer, car ils ne savent même pas ce qui ce passe au Nouveau Monde. Ils essayent tout juste d'améliorer leur propre condition.
Ne les blâmons pas ! Avant les révélations de notre prétendue malédiction de Canaan[17], Normands et Bretons ne furent-ils pas les premiers à subir les conséquences de l'exploitation de l'homme envers l'homme, sur l'Ile aux Fleurs.

Aujourd'hui, nous condamnons juste ce lâche tortionnaire qui demanda à sa victime d'essuyer son crime avec un mouchoir, imbibé de son propre sang. Le même encore ou du moins son digne héritier, nous demande d'arborer fièrement en toute circonstance, cette douteuse serpillère bleue à quatre serpents. À croire que nous ne méritions pas assez le précédent drapeau.

....

Les canoniques de l'église je les désavoue.

Les canoniques des nègres donnent encore de leurs échos dans les plantations sucrières.

---

[17] Dans la bible, Genèse 9:18-29, Noé maudit son petit-fils Canaan (dont nous serions les prétendus descendants) à être l'esclave des esclaves de ses frères.

Les canoniques que nous établirons un jour dans l'unité, renforceront notre société, à ce jour rendue folle par l'assujettissement.

Vos esclaves sont toujours là, à l'endroit exact où vous les avez lâchés.
Nos aïeux eux encore pensaient, espéraient, croyaient. Ceux-là ne bougent pas, ne réfléchissent pas. Ils sont endormis par les bêtises.

"Ils sont morts-vivants"

Abandonnés dans le mépris et la non-considération ; d'ailleurs les "mwen ka" ne sont-ils pas la communauté de France la plus risée ? Trop peu nous défendent lorsque beaucoup se payent nos têtes.

Faussaire, instrumentaliste, usurpateur de théologien, nous les irréligieux la connaissons, la vraie histoire que tu arranges en ta faveur, puisqu'elle s'est inscrite dans notre ADN.
Jeune peuple de misère, conçu dans le stupre, la vilénie, le déshonneur, tu pries le Dieu de tes oppresseurs. Tu n'as pas de remède pour la névrose qui t'empoisonne inlassablement avec le même venin, alors que le remède de tes maux est révélé dans l'écriture. Celle même que tu réfutes et qui sera ta délivrance.

"Maladies voraces de pauvreté d'esprits"

Celui qui ne lit pas est vide, pauvre d'amour et de compassion. C'est pour cela que tu ne te comprends pas, que tu ne comprends pas les tiens, et que tu ne te cherches pas.

Celui qui lit est riche de toutes les vérités et les secrets du monde. Il détient consciemment ou inconsciemment les clés qui ouvrent les portails des autres dimensions.

Celui qui écrit est immortel : il est réfléchi mais aussi la pensée dans l'esprit des autres ; les philosophes le raisonnent, le calculent, le définissent et l'empêchent de sombrer dans l'oubli. Il aura vécu pour enrichir l'évolution et guider les révolutions.

À présent, nul ne sait comment cette hécatombe finira. Les fauves déambulent sans acuité d'esprit et de conscience.
Ils se complaisent à errer dans leur ignorance.

Sommes-nous une lugubre expérience de laboratoire ?
Sommes-nous ces pièces monochromes sans voie, ni direction, qui s'entre-dévorent ?
Mon esprit est clair alors je juge. Il n'y aura aucune palinodie de ma part, peu importe d'où viendront les attaques sur mes propos. Je ne ferai pas mine d'ignorer que mon tourment est le même qui menace mes descendants.

Alors je dis : Peuple relève-toi et révèle-toi au monde.
Rien n'indemnise mieux que l'estime de soi et la fierté. La même qui triomphait sur la figure de nos femmes après un viol ou bien une expérience anatomique. Le processus qui nous accable en ces temps n'est pas irréversible.

Après toute cette effervescence dans ce qui pourrait être des révélations à travers mes propos, j'invite mes frères à l'intellectualisme.

Ne soyons pas dans le parachronisme, car ce qui est fait est fait.

Ne soyons pas les jouets de révolutionnaires douteux.

En ces temps évolués, ce qui serait la pire des choses pour notre race Homo sapiens sapiens, c'est que nous devenions prisonniers de nos histoires respectives.

Notre remède se trouve dans les lumières de l'humanisme et non dans les obscures pénombres de la honte et du déni. Que le coeur d'un Antillais batte pour la France, la Martinique ou l'Afrique, il n'y a à voir là aucune débâcle, aucune amoralité aucune rupture avec les autres ; seulement une préférence pour une position géographique et celle-ci ne doit ni altérer, ni dévier ce qui doit être notre vision absolue ; l'unique et seule condition de l'Homme sur la Terre, c'est l'Humanité."

Extrait du recueil de nouvelles "Le monde est petit 1"

"L'argent

Très, très utile pour se faire de véritables ennemis et par la même occasion des faux frères.

Il est vrai que si on considère qu'avec on peut se payer les meilleurs médecins, il n'en reste pas moins que les maladies ne négocient pas avec eux.

Pour certaines personnes argent égale bonheur, pour d'autres c'est l'inverse.

"Si on n'a pas d'argent on ne peut pas faire ceci ou cela" disent-ils.

Prouvez-moi donc que les peuples reculés ne vivent pas dans le bonheur absolu.

L'avarice nous rend cupide et faussement heureux. L'argent un sujet discordant, en tout temps."

Extrait de "Maximes & Poèmes
Journal du 22/05/2048"

Après avoir développé ici toute la partie chrématistique qui conduit directement au développement des richesses, par la production de l'économie, l'investisseur que je suis va laisser le philosophe que je suis devenu conclure cet ouvrage.

La richesse pour la richesse est insipide, et rend l'individu fat, en tout sens. Je suis devenu véritablement "Riche" depuis que j'ai pu me libérer de l'emprisonnement dans lequel j'étais lorsque je travaillais pour un salaire, mais surtout depuis que j'ai pu apprécier les valeurs essentielles de la vie. Cet état d'esprit avait un impact négatif sur ma productivité et mes objectifs finaux. Il est vrai que la fortune vous met à votre aise. Vous pouvez jouir du confort en général, des meilleures attentions, de l'excellence et de la qualité dans les services des prestations que l'on vous propose. Tous les masques seront mis pour vous donner l'impression que vous êtes important dans les yeux de celui qui vous sert, seulement la réalité est que vous n'êtes pas apprécié pour ce que vous êtes, mais pour ce que vous valez en numéraire.

Contrairement à ce que je pensais à l'âge de 26 ans lorsque j'ai arrêté de travailler en croyant être devenu rentier, la route est longue et on n'assoit pas une stabilité financière pérenne sur quelques petits lots. Il faut selon moi réellement dépasser les 10 premiers logements (avec de petites charges) et ça ne se construit pas du jour au lendemain sur une belle opération financière. Il y a tout le reste après qu'il faudra bien gérer. On ne peut pas tout accélérer. Il faut comprendre et maîtriser le mécanisme du système qui nous entoure, et cela se fait rarement sans formation ou sans soutien.

Ma richesse je l'ai obtenue par mon expérience combinée à celle des autres. Tous ces atouts réunis m'ont permis d'acquérir des réflexes face à certaines situations complexes qui m'auraient probablement coûté cher, que ce soit dans ma vie sociale, personnelle ou professionnelle.
J'ai vécu en une vie, des centaines de vies. Je travaille 12 à 16 heures par jour. Dans mes plus grosses périodes de travail je me suis couché à 6h du matin pour me réveiller à 10h. Je me force à hiberner des fois pour être au rythme de ceux dont j'attends un retour. C'est le mental qui est le plus difficile à gérer.

L'autre richesse encore c'est le temps que vous arrivez à gagner pour vous. Ce précieux temps qui court entre nos mains depuis notre premier cri et qui consume notre vie. Lorsque vous avez du temps pour votre épanouissement tout en étant indépendant financièrement, vous êtes l'Homme le plus riche du monde, même si vos revenus numéraires sont peu élevés.

Mon dernier conseil serait qu'il faut avoir plusieurs coups d'avance dans l'échiquier de la vie. Moi j'ai plusieurs paniers d'oeufs.

Modèles et références

Mes modèles et références sont :

Musique : Starmania, Les Frères Déjean, Beyoncé, Rap Contenders, André Presle, Queen (Freddie Mercury), Nirvana (Kurt Cobain), Prince, Michael Jackson, Jennifer Hudson, Lauryne Hill, Wyclef Jean.

Personnalités : Capois-la-mort, Sylvester Stallone, Cheik Anta Diop, Jean Philippe Marthely, Joey Starr, Serge Gainsbourg, Tariq Ramadan, Daniel Balavoine, Booba, Albert Jacquard.

Auteurs : Marquis de Sade, Molière.

Événements : Bataille de Vertières, 22 mai 1848.

Films : Star Trek, Roméo et Juliette.

Investissement : Mehdi Cherrack, Yan Darwin, Théophile Eliet, Pierre Oliot, Christopher Wangen, Robert Kiyosaki, Bernard Hayot.

Aujourd'hui, c'est une page de ma vie qui se termine et j'aborde un nouveau chapitre. Les doutes se mêlent aux certitudes quant à mon devenir. Certaines choses sont loin derrière moi pendant que d'autres me torturent encore tous les jours. Comment oublier que l'on a des enfants et capituler par un abandon forcé, alors que les fantômes qui nous torturent ne connaissent même pas notre existence ? Comment oublier que l'on a grandi dans une famille qui n'est plus qu'un amas lointain de souvenirs amers, et refonder un nouveau groupe qui sera peut-être à son tour démembré par la cupidité et l'orgueil de ses membres ? Comment peut-on être le meilleur si sur sa propre route, le chaos est persistant. Malgré tout je suis heureux, car je sais d'où je viens, et j'ai pleinement conscience de tout ce que je possède.

Probablement dans un second chapitre plus approprié, j'aborderai la vie extraordinaire que j'ai depuis mon adolescence... à 19 ans j'achète mon premier appartement, cash... 23 ans je me fais poignarder... 26 ans je suis rentier... mon premier enfant entre la vie et la mort... ma nuit en garde à vue... 2 tentatives d'assassinats contre moi... ma fille internée en psychiatrie... la maladie aux portes de ma vie... la polygamie... la mort violente de ma mère...

Pour l'heure une fois n'est pas coutume et je vais laisser ma comparse et seconde[18] correctrice Sandra Pichegrain conclure cet ouvrage qui sera le résumé de la première partie de ma vie. Elle aura son regard et son avis sur la personne que je suis et que j'ai essayé de dévoiler ici. Merci d'avoir investi sur moi et sur vous-même en vous procurant ce livre.

Au départ, cette auto-biographie devait être à destination du public et puis j'ai décidé de conserver mes secrets à mon entourage. **Parce qu'on travaille pour ceux d'avant et ceux d'après,** j'ai intitulé mon œuvre Dynastie et j'espère ainsi laisser une trace pour mes enfants.

Baron Chevignac

---

[18] J'ai une pensée particulière pour ma première correctrice, Francette Tsaty. Elle aura été le premier regard et critique de tous mes ouvrages.

En refermant ces pages, je ne peux m'empêcher de ressentir une profonde admiration pour mon ami, Cédric alias Baron CHEVIGNAC. Dès notre rencontre en 2016, j'ai pu apprécier son désir puissant de se construire lui-même, de transformer chaque obstacle en leçon et chaque succès en humilité. Depuis, j'ai eu le privilège d'être témoin de sa force, de ses doutes, de ses réussites, mais surtout de sa quête incessante de sens et de liberté.

À travers ce récit, Cédric CHEVIGNAC partage bien plus qu'un parcours financier ou entrepreneurial : il ouvre son cœur et son esprit pour offrir à chacun de nous un témoignage d'audace et de profonde réflexion, une véritable leçon de résilience, de courage, et d'authenticité.

Baron CHEVIGNAC ne prétend pas être un modèle parfait, et c'est ce qui rend son récit si précieux. Ses victoires sont celles d'un homme qui a forgé sa propre voie, contre vents et marées, et ses erreurs, des étapes qui l'ont rendu plus fort, plus humain. En nous dévoilant son histoire avec une telle honnêteté, il nous invite à revoir nos propres trajectoires, à nous poser les bonnes questions, et à redéfinir notre vision de la réussite et de la richesse.

Ce livre n'est ni une simple autobiographie, ni un guide commun pour ceux qui aspirent à entreprendre, mais un message d'espoir pour tous ceux qui traversent des périodes de doute. Si l'histoire de Baron CHEVIGNAC nous apprend quelque chose, c'est qu'aucun destin n'est figé, aucune situation n'est immuable, qu'il ne faut rien prendre pour acquis et qu'il est toujours possible de se relever, de se réinventer et de redonner un sens à sa vie. Il a traversé des moments que beaucoup auraient jugés insurmontables, mais il en a fait la base solide de sa détermination et de sa vision. Son histoire, de sans-abri à entrepreneur, d'homme blessé à guide éclairé, nous rappelle que l'essentiel n'est pas dans l'accumulation matérielle, mais dans la liberté de construire sa vie à sa manière, dans l'audace d'aller chercher des réponses et dans l'art de se relever, encore et encore.

Comprenons bien qu'il ne nous invite pas à reproduire son parcours, mais plutôt à puiser dans sa sincérité la force d'écrire le nôtre, à en tirer quelque chose d'unique en fonction de notre propre expérience. C'est ainsi que, en ma qualité de professeure de mathématiques et formatrice académique, Cédric m'a imaginée directrice de ma propre école avec une renommée internationale, formant une élite dès le plus jeune âge. Etant maman solo et femme indépendante, il m'a proposé de me coacher dans un projet d'investissement immobilier. Et même si la grande amie que je suis, et qu'il considère avec un profond respect, ne montre pas un enthousiasme débordant à ses grandes idées, il continue à m'encourager dans tout ce que je choisis d'entreprendre, apportant ses conseils et m'incitant à me poser les bonnes questions face aux points de vigilance qu'il sait si bien mettre en évidence.

Merci, Cédric, pour ce partage authentique, pour ton amitié et pour ta sagesse qui, au fil du temps, m'a inspirée bien plus que tu ne pourrais l'imaginer. Je suis convaincue que ce livre illuminera le chemin de tous ceux qui cherchent à vivre avec plus de courage et de clarté, tout comme ton histoire continue d'éclairer ceux qui ont eu la chance et qui ont pris le temps de te connaître.

Avec toute mon amitié et mon admiration,
Sandra LOUIS PICHEGRAIN

Table des matières

1. Préface... 3
2. Jeunesse.. 11

I. RICHE

3. Acheter cash.. 23
4. Achat crédit sans apport................................. 35
5. Achat crédit avec apport................................. 41
6. Achat terrain agricole..................................... 47
7. Achat crédit relais.. 55
8. Création d'une SARL...................................... 65
9. L'enfer de l'indivision 10 ans.......................... 73

II. PAUVRE

10. Associé dans une SARL................................ 83
11. Premier roman... 91

III. RICHE

12. Création d'une association............................ 105
13. Création d'une SCI....................................... 111
14. BILAN.. 131
15. Calculer sa réussite...................................... 137
16. Créations artistiques..................................... 149
17. Philosophie et poésie................................... 153
18. Modèles et références.................................. 168
19. Conclusion... 170

© 2025 Baron Chevignac
Édition : BoD · Books on Demand, 31 avenue Saint-Rémy, 57600 Forbach, bod@bod.fr
Impression : Libri Plureos GmbH, Friedensallee 273, 22763 Hamburg (Allemagne)
ISBN : 978-2-8106-2995-4
Dépôt légal : Mai 2025